SV

Octavio Paz
Die andere Zeit der Dichtung

Von der Romantik zur Avantgarde

Aus dem Spanischen
von Rudolf Wittkopf

Suhrkamp Verlag

Titel der 1974 erschienenen Originalausgabe:
Los hijos del limo
© Octavio Paz 1974

Erste Auflage 1989
© der deutschen Ausgabe
Suhrkamp Verlag Frankfurt am Main 1989
Alle Rechte vorbehalten
Druck: MZ-Verlagsdruckerei GmbH, Memmingen
Printed in Germany

Mais l'oracle invoqué pour jamais dut se taire;
Un seul pouvait au monde expliquer ce mystère:
– Celui qui donna l'âme aux enfants du limon.

Gérard de Nerval,
Chimères, »Le Christ aux Oliviers«, V

Vorwort

In einem Buch, das vor mehr als fünfzehn Jahren erschien, *El arco y la lira* (México 1956)*, habe ich versucht, auf drei Fragen zur Dichtung eine Antwort zu geben: Ist das dichterische Sagen, das Gedicht, mit jedem anderen Sagen unvereinbar? Was sagen die Gedichte? Wie kommunizieren die Gedichte miteinander? Das Thema des vorliegenden Buches ist eine Erweiterung der Antwort, die ich auf die dritte Frage zu geben versucht habe. Ein Gedicht ist ein Gegenstand, der aus der Sprache, den Rhythmen, den Anschauungen und den Obsessionen dieses oder jenes Dichters und dieser oder jener Gesellschaft besteht. Es ist das Produkt einer geschichtlichen Zeit und einer Gesellschaft, aber seine Geschichtlichkeit ist widersprüchlich. Das Gedicht ist eine Maschine, die, auch ohne daß der Dichter das will, Anti-Geschichte erzeugt. Das dichterische Verfahren besteht in einer Umkehrung und Umwandlung des Zeitflusses; das Gedicht hält die Zeit nicht an: es widerspricht ihr und verwandelt sie. Sowohl in einem Sonett des Barock als auch in einem Volksepos oder in einer Fabel verläuft die Zeit anders als in der Geschichte oder in dem, was wir das wirkliche Leben nennen. Der Widerspruch zwischen Geschichte und Dichtung findet sich in allen Gesellschaften, doch erst in der Neuzeit zeigt sich dieser Widerspruch in aller Deutlichkeit. Das Gefühl und das Bewußtsein des Zwiespalts zwischen Gesellschaft und Dichtung ist mit der Romantik das zentrale, wenngleich oft geheime Thema unserer Dichtung geworden. In diesem Buch nun habe ich versucht, aus der Perspektive ei-

---

* Deutsch: *Der Bogen und die Leier*. Poetologischer Essay. Frankfurt 1983.

nes hispanoamerikanischen Dichters, die moderne Bewegung der Dichtung und ihre widersprüchlichen Beziehungen zu dem, was wir »Modernität« nennen, zu beschreiben.

Ungeachtet der Verschiedenheit der Sprachen und Kulturen der westlichen Länder bildet die moderne Dichtung des Okzidents eine Einheit. Es versteht sich, daß der Begriff »Okzident« auch die angloamerikanischen und lateinamerikanischen dichterischen Traditionen (in ihren drei Zweigen: die spanische, die portugiesische und die französische) umfaßt. Um die Einheit der modernen Dichtung zu verdeutlichen, habe ich die drei, meiner Meinung nach, bedeutendsten Phasen ihrer Geschichte gewählt: ihren Beginn mit den englischen und deutschen Romantikern, ihre Verwandlungen im französischen Symbolismus und im hispanoamerikanischen Modernismo, ihren Höhepunkt und ihr Ende in den avantgardistischen Richtungen des 20. Jahrhunderts. Von Anfang an ist die moderne Dichtung eine Reaktion auf und gegen die Moderne gewesen: die Aufklärung, die kritische Vernunft, den Liberalismus, den Positivismus und den Marxismus. Daher die Ambiguität ihrer Beziehungen – die fast immer mit einer begeisterten Zustimmung beginnen, auf die ein jäher Bruch folgt – zu den revolutionären Bewegungen der Moderne, von der Französischen Revolution bis zur russischen. In ihrem Disput mit dem modernen Rationalismus entdecken die Dichter eine Tradition wieder, die so alt ist wie der Mensch selbst, eben jene Tradition, die, vom Neuplatonismus der Renaissance sowie den hermetischen und okkultistischen Sekten und Strömungen des 16. und 17. Jahrhunderts überliefert, das 18. Jahrhundert durchzieht, ins 19. Jahrhundert eindringt und noch in unserer Zeit fortlebt. Ich meine die Analogie, die Vorstellung der

8

Welt als ein System von Korrespondenzen und die Vorstellung der Sprache als das Doppel der Welt.

Die Analogie der Romantiker und der Symbolisten ist von der Ironie unterhöhlt, das heißt vom Bewußtsein der Moderne und ihrer Kritik des Christentums und der anderen Religionen. Die Ironie verwandelt sich im 20. Jahrhundert in den – schwarzen, zotigen oder sakrilegischen – *Humor*. Analogie und Ironie konfrontieren den Dichter mit dem Rationalismus und dem Progressismus des modernen Zeitalters, aber auch, und ebenso heftig, mit dem Christentum. Das Thema der modernen Dichtung ist ein doppeltes: einerseits ist es ein widersprüchlicher kritischer Dialog mit den modernen Revolutionen und den christlichen Religionen; andererseits ist es, im Innern der Dichtung und jedes dichterischen Werks, ein Dialog zwischen Analogie und Ironie. Der Kontext, in dem dieser zweifache Dialog sich entspinnt, ist ein weiterer Dialog: die moderne Dichtung kann betrachtet werden als die Geschichte der widersprüchlichen Beziehungen der Anziehung und Abstoßung zwischen den romanischen und den germanischen Sprachen, zwischen der zentralen Tradition der griechisch-lateinischen Klassik und der von der Romantik vertretenen Tradition des Besonderen und Bizarren, sowie zwischen dem quantitierenden und dem akzentuierenden Versbau.

Im 20. Jahrhundert gehen die Avantgarden dieselben Wege wie im vorigen Jahrhundert, nur in umgekehrter Richtung: der *modernism* der angloamerikanischen Dichter ist ein Versuch, zur zentralen Tradition des Okzidents zurückzukehren – das genaue Gegenteil dessen, was die englisch-deutsche Romantik gewesen ist –, wohingegen der französische Surrealismus die Bestrebungen der deutschen Romantik aufs Äußerste treibt. Die eigentliche zeitgenössische Periode ist die des Endes der

Avantgarde und mit ihr dessen, was man seit Ausgang des 18. Jahrhunderts *moderne Kunst* genannt hat. Was in der zweiten Hälfte unseres Jahrhunderts in Frage gestellt wird, ist nicht der Begriff der Kunst, sondern der Begriff der Moderne. Auf den letzten Seiten dieses Buches deute ich das Thema der Dichtung an, die nach der Avantgarde beginnt. Diese Seiten schließen an *Die rotierenden Zeichen* an, eine Art poetisches Manifest, das ich 1965 veröffentlicht habe und das als Epilog in *Der Bogen und die Leier* aufgenommen worden ist.

Der Text dieses Buches ist, modifiziert und erweitert, jener der Vorlesungen, die ich im ersten Semester 1972 an der Harvard University (Charles Eliot Norton Lectures) gehalten habe.

Cambridge, Mass., 28. Juni 1972   O. P.

I
Die Tradition des Bruchs

Thema dieses Buches ist die moderne Tradition der Dichtung. Der Ausdruck besagt nicht nur, daß es eine moderne Dichtung gibt, sondern auch, daß das *Moderne* eine Tradition ist. Eine Tradition, die in Unterbrechungen besteht und in der jeder Bruch ein Beginn ist. Unter Tradition versteht man die Weitergabe von Nachrichten, Legenden, Geschichten, Glaubensanschauungen, Gebräuchen, literarischen und künstlerischen Formen, Ideen, Stilen von einer Generation zur nächsten; eben deshalb bedeutet eine Unterbrechung in der Übermittlung einen Bruch in der Tradition. Wenn aber der Bruch das Zerreißen des Bandes bedeutet, das uns mit der Vergangenheit verbindet, und somit die Kontinuität zwischen einer Generation und der auf sie folgenden negiert wird, kann man dann das, was das Band zerreißt und die Kontinuität unterbricht, Tradition nennen? Und selbst einmal angenommen, die Negation der Tradition könnte mit der Zeit, durch Wiederholung des Akts über Generationen von Ikonoklasten hinweg, ihrerseits eine Tradition ergeben, wie würde sie wirklich eine sein können, ohne sich selbst zu negieren, das heißt, ohne zu gegebener Zeit nicht die Unterbrechung, sondern die Kontinuität zu bejahen? Die Tradition des Bruchs impliziert nicht nur die Negation der Tradition, sondern auch des Bruchs ... Der Widerspruch bleibt bestehen, wenn wir anstatt der Worte Unterbrechung oder Bruch ein anderes gebrauchen, das sich den Ideen der Übermittlung und der Kontinuität weniger heftig widersetzt. Zum Beispiel: die moderne Tradition. Wenn das Traditionelle das Alte schlechthin ist, wie kann das Moderne traditionell sein?

Wenn Tradition Fortdauer der Vergangenheit in der Gegenwart bedeutet, wie kann man von einer Tradition ohne Vergangenheit sprechen, von einer Tradition, die in der Verherrlichung dessen besteht, was sie negiert: die reine unmittelbare Gegenwart.

Trotz des darin liegenden Widerspruchs, und bisweilen sich dieses Widerspruchs voll bewußt, wie im Falle von Baudelaires Reflexionen in *L'art romantique*, spricht man seit Anfang des vergangenen Jahrhunderts von der Moderne als von einer Tradition und ist man der Ansicht, daß der Bruch die bevorzugte Form des Wandels ist. Wenn ich gesagt habe, die Moderne sei eine Tradition, habe ich mich einer kleinen Ungenauigkeit schuldig gemacht: ich hätte sagen sollen, eine *andere* Tradition. Die Moderne ist eine polemische Tradition, und als solche verdrängt sie die jeweils herrschende Tradition. Indes verdrängt sie diese nur, um gleich darauf einer anderen Tradition Platz zu machen, die wiederum eine momentane Manifestation der unmittelbaren Gegenwart ist. Die Moderne ist nie sie selbst: sie ist immer eine *andere*. Das Moderne zeichnet sich nicht allein durch seine Neuartigkeit aus, sondern auch durch seine Heterogenität. Als heterogene Tradition oder als Tradition des Heterogenen ist die Moderne zur Pluralität verurteilt: die alte Tradition war immer die gleiche, die moderne ist immer eine andere. Erstere postuliert die Einheit von Vergangenheit und Gegenwart; letztere betont nicht nur die Unterschiede zwischen beiden, sie behauptet auch, daß die Vergangenheit keine Einheit, sondern eine Vielheit ist. Die Tradition des Modernen: Heterogenität von Vergangenheiten, radikale Fremdartigkeit. Das Moderne ist weder die Fortdauer der Vergangenheit in der Gegenwart, noch ist das Heute das Kind des Gestern: das Moderne bricht mit der Vergangenheit, das Heute negiert das Gestern. Das Moderne ist sich selbst genug: wann immer es auftaucht, gründet es seine eigene Tradition. Ein neuerliches Beispiel dieser Denkart ist das vor einigen Jahren erschienene Buch des amerikanischen Kritikers Harold Rosenberg *The Tradition of the New*. Obgleich das Neue nicht gleichbedeutend mit dem Modernen ist – es gibt Neuheiten, die nicht modern sind –, drückt der Titel des Buches von Rosenberg mit heilsamer und luzider Insolenz das Paradoxon aus, das die Kunst und die Dichtung unserer Zeit begründet hat. Ein Paradoxon, das zugleich das geistige Prinzip ist, das sie rechtfertigt und negiert, das ihre Nahrung und ihr Gift ist. Kunst und Dichtung unserer Zeit leben von Modernität und sterben an ihr.

In der Geschichte der Dichtung des Okzidents taucht der Kult des Neuen, die Vorliebe für Neuheiten, mit einer Regelmäßigkeit auf, die ich nicht zyklisch zu nennen wage, die aber auch nicht zufällig ist. Es gibt Epochen, in denen das ästhetische Ideal in der Nachahmung der Alten besteht, und es gibt andere, in denen man das Neuartige und das Überraschende preist. Als Beispiel für letztere möchte ich an die englischen »metaphysischen« Dichter und an die spanischen Barockdichter erinnern. Die einen wie die anderen praktizierten mit gleich großer Begeisterung, was man die Ästhetik der Überraschung nennen könnte. Neuheit und Überraschung sind verwandte, nicht äquivalente Begriffe. Die Ideen, Metaphern, geistreichen Formulierungen und andere Wortkombinationen des barocken Gedichts sollen Staunen erregen: Das Neue ist neu, wenn es das Unerwartete ist. Die Neuheit des 17. Jahrhunderts war weder kritisch, noch barg sie die Negation der Tradition in sich. Im Gegenteil, sie bejahte deren Kontinuität. Gracián sagt, daß die Modernen scharfsinniger sind als die Alten, nicht daß sie anders sind. Vor manchen Werken seiner Zeitgenossen gerät er nicht deshalb in Begeisterung, weil ihre Schöpfer den alten Stil negiert hätten, sondern weil sie neue und überraschende Kombinationen der gleichen Elemente bieten.

Weder Góngora noch Gracián waren revolutionär, in der Bedeutung, die wir heute diesem Wort geben; sie wollten die Schönheitsideale ihrer Epoche nicht verändern, wenngleich Góngora sie tatsächlich verändert hat: Neuheit war für sie kein Synonym für Veränderung, sondern für Staunen. Diese seltsame Verbindung zwischen der Ästhetik der Überraschung und jener der Negation ist erst Ende des 18. Jahrhunderts zu finden, das heißt zu Beginn der modernen Ära. Von Anfang an ist die Moderne eine kritische Leidenschaft und somit eine doppelte Negation – als Kritik und als Leidenschaft – sowohl der klassischen geometrischen Muster als auch der barocken Labyrinthe. Eine schwindelerregende Leidenschaft, da sie in der Negation ihrer selbst gipfelt: die Moderne ist eine Art schöpferische Selbstzerstörung. Seit zwei Jahrhunderten errichtet die dichterische Imagination ihre Gebäude auf einem von der Kritik unterminierten Grund. Und sie tut es im vollen Bewußtsein, daß er unterminiert ist ... Was unsere Modernität von jener anderer Epochen unterscheidet, ist nicht die Feier des Neuen und Überraschenden, obgleich auch das zählt, sondern die Tatsache, daß sie ein Bruch ist: Kritik der unmittelbaren Vergangenheit, Unterbrechung der Kontinuität. Die moderne Kunst ist nicht nur die Frucht des kritischen Zeitalters, sie ist auch die Kritik ihrer selbst.

Ich sagte, daß das Neue nicht gleichbedeutend mit dem Modernen ist, es sei denn, es birgt in sich die doppelte Sprengladung: es ist die Negation der Vergangenheit und die Bejahung von etwas anderem. Dieses andere hat im

Laufe der vergangenen zwei Jahrhunderte seinen Namen und seine Form geändert – von der *Empfindsamkeit* der Vorromantiker bis zur *Meta-Ironie* Duchamps –, aber es ist immer jenes gewesen, das der herrschenden Tradition fern und fremd ist: die Heterogenität, die in die Gegenwart einbricht und ihr eine andere, eine unverhoffte Richtung gibt. Es ist nicht nur das Abweichende, sondern auch das, was gegen den traditionellen Geschmack ist: polemisches Befremden, aktiver Widerstand. Das Neue reizt uns nicht, weil es neu ist, sondern weil es etwas anderes ist. Und dieses andere ist die Negation, das Messer, das die Zeit in zwei Teile teilt: früher und jetzt.

Auch das Jahrtausendealte kann in die Moderne Eingang finden: es genügt, daß es sich als eine Negation der Tradition darstellt und daß es uns eine andere Tradition bietet. Konsekriert von denselben polemischen Kräften wie das Neue, ist das Uralte keine Vergangenheit: es ist ein Beginn. Die Lust am Widerspruch erweckt es, beseelt es und macht es zeitgenössisch. In der Kunst und Literatur der Neuzeit gibt es eine persistente archaisierende Strömung, die von der deutschen Volksdichtung Herders zu der von Pound wiederentdeckten chinesischen Dichtung führt und von Delacroix' Orient zu der von Breton geliebten Kunst Ozeaniens. Alle diese Gegenstände, handle es sich um Malereien und Skulpturen oder um Gedichte, haben folgendes gemeinsam: gleich welcher Kultur sie angehören, bedeutete ihr Auftauchen an unserem ästhetischen Horizont einen Bruch, einen Wandel. Diese hundert- oder tausendjährigen Neuheiten haben unsere Tradition immer wieder unterbrochen, so daß die Geschichte der modernen Kunst des Okzidents auch die des Wiederauflebens der Kunst vieler verschwundener Kulturen ist. Als Manifestationen der Ästhetik der

Überraschung und ihrer ansteckenden Wirkung, vor allem aber als momentane Verkörperungen der kritischen Negation, fügen sich die Erzeugnisse der archaischen Kunst und der fernen Kulturen ganz natürlich in die Tradition des Bruchs ein. Sie sind eine der Masken, welche die Moderne trägt.

Die moderne Tradition verwischt die Gegensätze zwischen dem Alten und dem Zeitgenössischen, zwischen dem Fernen und dem Nahen. Die Säure, die alle diese Gegensätze auflöst, ist die Kritik. Nur schwingt in dem Wort Kritik zuviel Intellektualität mit, und deshalb ziehe ich es vor, es mit einem anderen Wort zu koppeln: Leidenschaft. Die Verbindung von Leidenschaft und Kritik unterstreicht den paradoxen Charakter unseres Kults des Modernen. Kritische Leidenschaft: maßlose leidenschaftliche Liebe zur Kritik und ihren präzisen Zerstörungsmechanismen, aber auch Kritik, die in ihren Gegenstand verliebt ist, Kritik, die für eben das eine Leidenschaft hegt, was sie negiert. In sich selbst verliebt und immer im Kampf mit sich selbst, bejaht sie nichts Bleibendes und gründet sich auf kein Prinzip: die Negation aller Prinzipien, der ständige Wandel, ist ihr Prinzip. Eine solche Kritik kann nur in einer leidenschaftlichen Liebe zur reinsten und unmittelbarsten Manifestation des Wandels gipfeln: im Jetzt. Eine einzigartige Gegenwart, die sich von allen anderen unterscheidet. Die singuläre Bedeutung dieses Kults der Gegenwart wird uns entgehen, wenn wir nicht erkennen, daß er sich auf einer sonderbaren Konzeption der Zeit gründet. Sonderbar, weil sie vor der Neuzeit nur vereinzelt und als Ausnahme auftaucht: für die Alten ist das Jetzt eine Wiederholung des Gestern, für die Modernen ist es die Negation des Gestern. Im einen Fall wird die Zeit als Regelmäßigkeit gesehen und empfunden, als ein Prozeß, in dem die Variationen und die Ausnahmen tatsächlich Variationen der Regel und Ausnahmen von der Regel sind; im anderen Fall ist der Prozeß ein Gewebe aus Unregelmäßigkeiten, weil die Variation und die Ausnahme die Regel sind. Für uns ist die Zeit nicht die Wiederholung von einander gleichen Augenblicken oder Jahrhunderten: jedes Jahrhundert und jeder Augenblick ist einmalig, distinkt, *anders*.

Die Tradition des Modernen schließt ein Paradoxon in sich, das größer ist als jenes, das der Widerspruch zwischen dem Alten und dem Neuen, dem Modernen und dem Traditionellen vermuten läßt. Der Gegensatz zwischen der Vergangenheit und der Gegenwart verflüchtigt sich buchstäblich, denn die Zeit vergeht derart schnell, daß die Unterschiede zwischen den verschiedenen Zeiten – Vergangenheit, Gegenwart, Zukunft – verwischen oder doch wenigstens augenblickshaft, kaum wahrnehmbar und unbedeutend werden. Wir können von moderner Tradition sprechen, ohne daß darin für uns ein Widerspruch zu liegen scheint, weil das Zeitalter der Moderne den Antagonismus zwischen dem Alten und dem Gegenwärtigen, dem Neuen und dem Traditionellen fast völlig aufgelöst hat. Die Beschleunigung der Zeit macht nicht nur die Unterscheidungen zwischen dem, was schon vergangen ist, und dem, was gerade geschieht, überflüssig, sie hebt auch die Unterschiede zwischen Alter und Jugend auf. Unsere Epoche hat die Jugend und ihre Werte so frenetisch verherrlicht, daß sie aus diesem Kult, wo nicht eine Religion, so doch einen Aberglauben gemacht hat. Trotzdem altert nichts so sehr und so schnell wie heute. Unsere Kunstsammlungen, unsere Lyrik-Anthologien und unsere Bibliotheken sind voller Stile, Richtungen, Bilder, Plastiken, Romane und Gedichte, die vorzeitig gealtert sind.

Eine doppelte, schwindelerregende Empfindung: was soeben geschehen ist, gehört bereits der Welt des unendlich Fernen an, und gleichzeitig ist das Jahrtausendealte unendlich nah ... Aus all dem kann man schließen, daß die moderne Tradition, und die widersprüchlichen Ideen und Bilder, die dieser Begriff hervorruft, nur die Folge eines noch beunruhigenderen Phänomens ist: das moderne Zeitalter ist das der Beschleunigung der geschichtlichen Zeit. Damit will ich natürlich nicht sagen, daß die Jahre und die Tage heute schneller vergehen, sondern daß in ihnen mehr geschieht. Es geschieht mehr, und alles geschieht fast zur selben Zeit, nicht nacheinander, sondern gleichzeitig. Beschleunigung bedeutet Verschmelzung: alle Zeiten und alle Räume vereinigen sich in einem Hier und Jetzt.

Manch einer wird sich fragen, ob die Geschichte wirklich schneller abläuft als früher. Ich gestehe, daß ich auf diese Frage keine Antwort zu geben vermag, und ich glaube, daß es niemanden gibt, der sie mit letzter Sicherheit beantworten könnte. Es ist durchaus möglich, daß die Beschleunigung der geschichtlichen Zeit eine Täuschung ist; vielleicht sind die Veränderungen und Wirren, die uns manchmal ängstigen, und andere Ereignisse, die uns in Bewunderung versetzen, gar nicht so einschneidend und entscheidend, wie wir denken. Zum Beispiel schien uns die sowjetische Revolution ein derart radikaler Bruch zwischen der Vergangenheit und der Zukunft zu sein, daß ein Buch über eine Reise nach Rußland, wenn ich mich recht erinnere, *Auf Besuch in der Zukunft* hieß. Heute, ein halbes Jahrhundert nach diesem Ereignis, in dem wir gleichsam die glanzvolle Verkörperung der Zukunft gesehen hatten, überrascht den Studienreisenden oder den einfachen Touristen die Beständigkeit der Wesenszüge des alten Rußland. Das berühmte Buch von

John Reed, *Zehn Tage, die die Welt erschütterten*, in dem er von den elektrisierenden Ereignissen des Jahres 1917 berichtet, scheint uns eine ferne Vergangenheit zu beschreiben, während jenes des Marquis de Custine, *La Russie en 1839*, das die Bürokratie und den Polizeiapparat des Zarismus zum Thema hat, sich in mehr als einer Hinsicht als aktuell erweist. Auch das Beispiel der mexikanischen Revolution veranlaßt uns, die angebliche Beschleunigung der Geschichte zu bezweifeln; diese Revolution war eine ungeheure Erschütterung, die zum Ziel hatte, das Land zu modernisieren, und trotzdem ist das Bemerkenswerte am heutigen Mexiko gerade das Vorhandensein gewisser Arten zu denken und zu fühlen, die der Epoche des Vizekönigtums und sogar der prähispanischen Welt angehören. Gleiches läßt sich sagen hinsichtlich der Kunst und der Literatur: während der vergangenen hundertfünfzig Jahre haben ästhetische Veränderungen und Revolutionen stattgefunden, aber es ist nicht zu verkennen, daß diese Folge von Brüchen auch eine Kontinuität ist. Die Intention dieses Buches ist es, aufzuzeigen, daß die deutschen und englischen Romantiker, die französischen Symbolisten und die kosmopolitische Avantgarde der ersten Hälfte des 20. Jahrhunderts ein und dasselbe Prinzip beseelt. Ein Beispiel unter vielen: Bei verschiedenen Gelegenheiten definiert Friedrich Schlegel die Liebe, die Poesie und die Ironie der Romantiker mit Worten, die sich nicht sehr unterscheiden von jenen, die ein Jahrhundert später André Breton verwendet, wenn er von der Erotik, der Imagination und dem Humor der Surrealisten spricht. Einflüsse, Koinzidenzen? Weder das eine noch das andere, sondern Fortdauer gewisser Arten zu denken, zu sehen und zu fühlen. Unsere Zweifel wachsen und verstärken sich, wenn wir, anstatt zu Beispielen aus der jüngsten Vergangenheit zu greifen, ferne Epochen oder Kulturen, die sich von der unseren unterscheiden, befragen. In seinen Studien vergleichender Mythologie hat Georges Dumézil die Existenz einer »Ideologie« nachgewiesen, die allen indoeuropäischen Völkern, von Indien und dem Iran bis zur keltischen und germanischen Welt, gemeinsam ist und die der doppelten Erosion der geographischen und historischen Isolierung widerstanden hat und noch immer widersteht. Durch Tausende von Kilometern und Jahren voneinander getrennt, bewahren die indoeuropäischen Völker noch Reste von der Auffassung der Welt als Dreiheit. Ich bin überzeugt, daß es sich ähnlich verhält bei den Völkerschaften des mongolischen Raums, bei den asiatischen ebenso wie bei den amerikanischen. Diese Welt wartet noch auf einen Dumézil, der ihre tiefere Einheit zeigt. Schon vor Benjamin Lee Whorf, dem ersten, der in systematischer Weise den schroffen Gegensatz zwischen den geistigen Tiefenstrukturen der Europäer und jener der Hopi aufgezeigt hat, hatten verschiedene Forscher die Existenz und die Persistenz einer den amerikanischen Indianern gemeinsamen Sicht der Welt als Vierheit entdeckt. Vielleicht aber verdecken die Gegensätze zwischen den Kulturen nur eine geheime Einheit: die des Menschen. Vielleicht sind die kulturellen und geschichtlichen Unterschiede das sich kaum wandelnde Werk eines einzigen Schöpfers. Die menschliche Natur ist keine Illusion: sie ist die Invariante, die die Veränderungen und die Mannigfaltigkeit von Kulturen, Entwicklungsprozessen, Religionen und Künsten bewirkt.

Die vorangehenden Reflexionen könnten zu der Annahme führen, daß die Beschleunigung der Geschichte eine Täuschung ist oder, wahrscheinlicher, daß die Veränderungen nur die Oberfläche berühren und sich nicht auf die tiefere Wirklichkeit auswirken. Die Ereignisse überschlagen sich, und die Heftigkeit des geschichtlichen Wellenschlags verbirgt uns die sich gleichbleibende submarine Landschaft von Bergen und Tälern. Inwiefern können wir dann von moderner Tradition sprechen? Mag die Beschleunigung der Geschichte eine Täuschung oder eine Tatsache sein – der Zweifel ist erlaubt –, so können wir doch mit einiger Sicherheit sagen, daß die Gesellschaft, die den Ausdruck *die moderne Tradition* geprägt hat, eine singuläre Gesellschaft ist. Dieser Begriff schließt mehr als nur einen logischen und sprachlichen Widerspruch ein: er ist Ausdruck des dramatischen Zustands unserer Zivilisation, die ihre Grundlage weder in der Vergangenheit noch in irgendeinem unerschütterlichen Prinzip, sondern in der Veränderung sucht. Ob man nun der Ansicht ist, daß sich die Gesellschaftsstrukturen nur sehr langsam verändern und die geistigen Strukturen Invarianten sind, oder ob man an die Geschichte und ihre unaufhörlichen Veränderungen glaubt, ist doch eines unbestreitbar: unsere Vorstellung von der Zeit hat sich gewandelt. Wir brauchen unseren Zeitbegriff nur mit dem eines Christen des 12. Jahrhunderts zu vergleichen, und wir werden sofort den Unterschied erkennen.

Mit dem Wandel unserer Vorstellung von der Zeit hat sich auch unser Verhältnis zur Tradition geändert. Besser gesagt, weil sich unser Zeitbegriff gewandelt hat, sind wir uns der Tradition bewußt geworden. Die traditionsverhafteten Völker leben eingetaucht in ihrer Vergangenheit, ohne sie zu befragen; sie sind sich ihrer Traditionen weniger bewußt, als daß sie mit ihnen und in ihnen leben. Derjenige jedoch, der weiß, daß er einer Tradition angehört, weiß sich bereits implizite von ihr getrennt, und dieses Wissen führt ihn früher oder später dazu, sie zu befragen und manchmal auch zu negieren. Die Kritik der

Tradition beginnt als das Bewußtsein, einer Tradition anzugehören. Unsere Zeit unterscheidet sich von anderen Epochen und Gesellschaften durch das Bild, das wir uns vom Zeitablauf machen: durch unser Bewußtsein von der Geschichte. Die Bedeutung dessen, was wir *die moderne Tradition* nennen, wird jetzt klarer: sie ist Ausdruck unseres Geschichtsbewußtseins. Einerseits ist sie eine Kritik der Vergangenheit, eine Kritik der Tradition; andererseits ist sie ein Versuch, der im Verlauf der letzten zwei Jahrhunderte mehrmals wiederholt wurde, eine Tradition auf das einzige Prinzip zu gründen, das gegen die Kritik immun ist, da es mit ihr selbst verschmilzt: auf den Wandel, die Geschichte.

Die Beziehung zwischen den drei Zeiten – Vergangenheit, Gegenwart und Zukunft – ist in jeder Kultur eine andere. Für die primitiven Gesellschaften ist der Archetypus der Zeit, das Vorbild der Gegenwart und der Zukunft, die Vergangenheit. Nicht die jüngste Vergangenheit, sondern eine unvordenkliche Vergangenheit vor allen Vergangenheiten, am Anfang des Anfangs. Gleich einer Quelle fließt diese Vergangenheit von Vergangenheiten unaufhörlich, mündet in die Gegenwart und ist, mit ihr eins geworden, die einzige Zeit, die wirklich zählt. Das Gesellschaftsleben ist nicht geschichtlich, sondern rituell; es beruht nicht auf sukzessiven Veränderungen, sondern es besteht in der rhythmischen Wiederholung der zeitlosen Vergangenheit. Die Vergangenheit ist ein Archetypus, und die Gegenwart muß sich nach diesem unwandelbaren Vorbild richten; zudem ist diese Vergangenheit immer gegenwärtig, da sie im Ritus und im Fest wiederkehrt. Als ein fortwährend nachgeahmtes Vorbild, das der Ritus periodisch aktualisiert, schützt die Vergangenheit die Gesellschaft vor dem Wandel. Diese Vergangenheit hat ein doppeltes Merkmal: sie ist eine sich stets gleichbleibende Zeit, gefeit gegen Veränderungen; sie ist nicht das, was einmal geschehen ist, sondern stets das, was gerade geschieht: sie ist eine Gegenwart. Auf die eine wie auf die andere Weise entgeht die archetypische Vergangenheit dem Akzidens und der Kontingenz; obgleich sie Zeit ist, ist sie auch die Negation der Zeit: sie löst die Widersprüche zwischen dem, was gestern geschehen ist, und dem, was heute geschieht, auf, annulliert die Unterschiede und läßt die Regelmäßigkeit und die Identität obsiegen. Unempfänglich für den Wandel, ist sie die Norm schlechthin: alles muß so geschehen, wie es in dieser unvordenklichen Vergangenheit geschehen ist.

Nichts ist unserem Zeitbegriff so entgegengesetzt wie jener der Primitiven: für uns ist die Zeit das Agens der Veränderung, für sie ist die Zeit das Agens, das die Veränderung supprimiert. Die archetypische Vergangenheit des Primitiven ist mehr als eine Zeitkategorie, sie ist eine Wirklichkeit jenseits aller Zeit: sie ist das Urprinzip. Alle Gesellschaften, ausgenommen die unsere, haben sich ein Jenseits vorgestellt, in dem die Zeit ruht, gleichsam mit sich selbst versöhnt: sie wandelt sich nicht mehr, weil sie, starre Transparenz geworden, aufgehört hat zu fließen; oder weil sie, obgleich sie unaufhörlich fließt, stets mit sich selbst identisch ist. Ein seltsamer Sieg des Identitätsprinzips: die Widersprüche verschwinden, weil die vollkommene Zeit atemporell ist. Für die Primitiven findet sich das atemporelle Vorbild nicht am Ende der Zeiten, sondern am Anfang des Anfangs. Es ist nicht dieser Zustand, den der Christ, um errettet oder verdammt zu werden, am Ende der Zeit erreichen soll; es ist das, was wir von Anfang an nachahmen müssen.

Die primitive Gesellschaft sieht mit Schrecken die unvermeidlichen Schwankungen, die der Lauf der Zeit mit sich bringt; diese Veränderungen werden bei weitem nicht als heilbringend betrachtet, sondern sie sind unheilvoll: was wir Geschichte nennen, ist für die Primitiven Verfehlung, Straucheln. Die Kulturen des Orients und des Mittelmeerraums, wie auch die des präkolumbischen Amerika, betrachteten die Geschichte mit demselben Mißtrauen, aber sie negierten sie nicht derart radikal. Für sie alle entfaltet sich die stets bewegungslose und stets gegenwärtige Vergangenheit der Primitiven kreis- und spiralförmig: die Zeitalter der Welt. Eine überraschende Transformation der atemporellen Vergangenheit: sie ist ein Ablauf, ist dem Wandel unterworfen und wird, kurz gesagt, zeitlich. Die Vergangenheit belebt sich, sie ist der Ursame, der keimt, wächst, welkt und stirbt – um erneut wiederzuerstehen. Das Urbild bleibt die Vergangenheit vor aller Zeit, das glückliche Zeitalter des Anfangs, wo zwischen Himmel und Erde Harmonie herrscht. Es ist eine Vergangenheit, die die gleichen Eigenschaften besitzt wie die Pflanzen und die Lebewesen; sie ist eine beseelte Substanz, ist etwas, das sich wandelt, und vor allem etwas, das geboren wird und stirbt. Die Geschichte ist eine Degradation der ursprünglichen Zeit, ein langsamer, aber unerbittlicher Verfallsprozeß, der im Tod seinen Höhepunkt erreicht.

Das Mittel gegen den Wandel und das Erlöschen ist die Wiederkehr: die Vergangenheit ist eine Zeit, die wiederkehrt und die uns am Ende eines jeden Zyklus erwartet. Die Vergangenheit ist eine künftige Zeit. So zeigt sich uns die Zukunft in zweifacher Gestalt: sie ist das Ende der Zeiten und sie ist ihr Wiederbeginn, sie ist die Degradation der archetypischen Vergangenheit und ihr Wiederaufleben. Das Ende des Zyklus ist die Restauration der ursprünglichen Vergangenheit – und der Beginn der unvermeidlichen Degradation. Der Unterschied zwischen dieser Auffassung und den Auffassungen der Christen und der Modernen ist beträchtlich: für die Christen ist die vollkommene Zeit die Ewigkeit: Aufhebung der Zeit und Annullierung der Geschichte; für die Modernen kann die Vollkommenheit nicht dort sein; wenn sie irgendwo ist, dann in der Zukunft. Ein weiterer Unterschied: unsere Zukunft ist per definitionem jene, die weder der Vergangenheit noch der Gegenwart ähnelt: sie ist die Region des Unerwarteten, wohingegen die Zukunft der alten Völker im Mittelmeerraum und die der Orientalen immer in die Vergangenheit mündet. Die zyklische Zeit ist ein Ablauf, ist Geschichte; zugleich ist sie eine Wiederholung, die jedesmal, wenn sie erfolgt, den Lauf der Zeit und die Geschichte negiert.

Die uranfängliche Zeit, Urbild aller Zeiten, die Ära der Harmonie zwischen dem Menschen und der Natur und zwischen den Menschen selbst, wird im Abendland das Goldene Zeitalter genannt. Für andere Kulturen – die chinesische, die mesoamerikanische – war nicht das Gold, sondern der Jade das Symbol der Harmonie zwischen dem Reich der Menschen und dem der Natur. Der Jade symbolisiert für uns das ständige Wiederergrünen der Natur, so wie wir im Gold eine Art Materialisation des Sonnenlichts sehen. Jade und Gold sind zweifache Symbole, wie alles, was den Tod und das Wiedererstehen der zyklischen Zeit darstellt. In der einen Phase verdichtet sich die Zeit und verwandelt sich in harte und edle Materie, so als wollte sie dem Wandel und seinen Degradationen entgehen; in der anderen werden Stein und Metall weich, die Zeit zerfällt und vermodert, ist pflanzliche Fäulnis, tierisches Exkrement. Doch die Phase der Zersetzung und Verwesung ist auch die des Wiedererstehens und der Fruchtbarkeit: die alten Mexikaner legten den Toten eine Jadeperle auf den Mund.

Die Ambiguität des Goldes und des Jades spiegelt die Ambiguität der zyklischen Zeit wider: die archetypische Zeit ist der Zeit immanent und nimmt die Form einer Vergangenheit an, die wiederkehrt – allerdings nur wiederkehrt, um sich erneut zu entfernen. Die glückselige Zeit, grün oder golden, ist eine Zeit der Eintracht, eine Konjunktion der Zeiten, die nur einen Augenblick währt. Sie ist die wahre Harmonie: auf die wunderbare Verdichtung der Zeit in einem Tropfen aus Jade oder einer Ähre aus Gold folgen Auflösung und Zersetzung. Die Wiederkehr bewahrt uns vor den Wandlungen der Geschichte nur, um uns ihnen desto grausamer zu unterwerfen: sie sind nicht länger Akzidens, Straucheln oder Verfehlung, sondern aufeinanderfolgende Momente eines unerbittlichen Prozesses. Nicht einmal die Götter entrinnen dem Kreislauf. Quetzalcóatl verschwindet an demselben Ort, an dem die Gottheiten entschwinden, die Nerval vergebens anruft: eben dort, wie es in der Nahua-Dichtung heißt, »wo das Wasser des Meeres sich mit dem des Himmels vermählt«, an diesem Horizont, wo das Morgengrauen Abenddämmerung ist.

Ist es nicht möglich, aus dem Zeitkreis auszubrechen? Seit Beginn ihrer Kultur haben sich die Inder ein Jenseits vorgestellt, das nicht eigentlich Zeit ist, sondern deren Negation: das sich selbst stets gleiche, bewegungslose Sein (Brahman) oder die ebenfalls bewegungslose Leere (Nirwana). Brahman verändert sich nie, und man kann über es nichts sagen, außer daß es ist; über das Nirwana kann man auch nichts sagen, nicht einmal, daß es nicht ist. In dem einen wie in dem anderen Fall: Wirklichkeit jenseits der Zeit und der Sprache. Wirklichkeit, die keine anderen Namen zuläßt als die der universalen Negation:

sie ist weder dieses noch jenes, noch das, was jenseits davon ist. Sie ist weder dieses noch jenes, und trotzdem ist sie. Die indische Kultur durchbricht die zyklische Zeit nicht: ohne ihre empirische Wirklichkeit zu negieren, löst sie diese auf und macht aus ihr eine substanzlose Phantasmagorie. Die Kritik der Zeit reduziert den Wandel auf eine Täuschung, und dies ist nur eine andere, vielleicht die radikalste Art, sich der Geschichte zu widersetzen. Die atemporelle Vergangenheit des Primitiven wird zeitlich, verkörpert sich und wird in den großen Kulturen des Orients und des Mittelmeerraums zur zyklischen Zeit; Indien löst die Zyklen auf: sie sind buchstäblich der Traum Brahmas. Jedesmal, wenn der Gott erwacht, verschwindet der Traum. Mich erschreckt die Dauer dieses Traums; den Indern zufolge wird das Zeitalter, in dem wir heute leben und das durch den widerrechtlichen Besitz von Reichtümern charakterisiert ist, 432.000 Jahre andauern. Und noch mehr erschreckt mich, daß der Gott dazu verurteilt ist, jedesmal, wenn er erwacht, wieder einzuschlafen und denselben Traum zu träumen. Dieser ungeheure zirkuläre Traum, unwirklich für den, der ihn träumt, aber wirklich für den Geträumten, ist monoton: beharrliche Wiederholung immer derselben Greuel. Dieser metaphysische Radikalismus birgt die Gefahr, daß auch der Mensch seiner Negation nicht entgeht. Zwischen der Geschichte mit ihren unwirklichen Zyklen und einer Wirklichkeit ohne Farbe und Geschmack, ohne irgendwelche Eigenschaften – was bleibt da dem Menschen? Das eine wie das andere ist unbewohnbar.[1]*

Der Inder hat die Zyklen aufgelöst; der Christ hat sie durchbrochen: alles geschieht nur einmal. Bevor Siddhartha Gotama die Erleuchtung erlangte, erinnerte er

* Die Anmerkung hierzu findet sich auf Seite 207.

sich seiner früheren Leben und sah in anderen Welten und anderen kosmischen Zeitaltern andere Gotamas in der Leere sich auflösen. Christus ist nur einmal auf Erden erschienen. Die Welt, in der sich das Christentum ausbreitete, war besessen von dem Gefühl ihres unwiderruflichen Verfalls, die Menschen waren der Überzeugung, daß sie das Ende eines Zyklus erlebten. Manchmal drückte sich dieser Gedanke in quasichristlichen Begriffen aus: »Die irdischen Elemente werden sich auflösen und alles wird vernichtet werden, auf daß alles neu erschaffen werde in seiner ursprünglichen Unschuld ...« Der erste Teil dieses Satzes von Seneca stimmt überein mit dem, was die Christen glaubten und erwarteten: das nahe Ende der Welt. Einer der Gründe für die wachsende Zahl von Bekehrungen zu der neuen Religion war der Glaube an dieses nahe bevorstehende Ende; das Christentum bot den Menschen eine Antwort auf die ihnen drohende Gefahr. Wären so viele konvertiert, wenn sie gewußt hätten, daß die Welt noch weitere Jahrtausende bestehen würde? Augustinus war der Meinung, die erste Epoche der Menschheit, vom Sündenfall Adams und Evas bis zum Opfer Christi, habe etwas weniger als sechstausend Jahre gedauert, und die zweite Epoche, die unsere, sei die letzte und würde nur einige Jahrhunderte dauern.

Der Glaube an das nahe Ende verlangte eine Lehre, die auf die Ängste und Sehnsüchte der Menschen mit mehr Wärme antwortete. Die zirkuläre Zeit der heidnischen Philosophen verhieß die Wiederkehr eines Goldenen Zeitalters, aber diese universale Regeneration war letztlich nur eine Pause in der unerbittlichen Bewegung auf den Verfall zu und nicht gleichbedeutend mit der individuellen Erlösung. Das Christentum verhieß eine persönliche Erlösung und bewirkte damit einen wesentlichen Wandel: der Protagonist des kosmischen Dramas war nicht mehr die Welt, sondern der Mensch. Genauer: jeder einzelne Mensch. Der Schwerpunkt der Geschichte verlagerte sich: die zirkuläre Zeit der Heiden war unendlich und unpersönlich, die christliche Zeit war endlich und persönlich.

Augustinus widerlegt den Gedanken der Zyklen. Er hält es für widersinnig, daß die vernunftbegabten Seelen sich nicht erinnern können, all jene Leben gelebt zu haben, von denen die heidnischen Philosophen sprechen. Für noch widersinniger hält er es, gleichzeitig die Weisheit und die ewige Wiederkehr zu postulieren: »Wie kann die unsterbliche Seele, die die Weisheit erlangt hat, zu diesen unablässigen Wanderungen zwischen trügerischer Seligkeit und realem Unglück verurteilt sein?«* Der Kreis, den die zirkuläre Zeit beschreibt, ist teuflisch, und später wird Raimundus Lullus sagen: »Die Höllenstrafe ist wie die Bewegung im Kreis.« Endlich und personal, ist die christliche Zeit irreversibel; es ist nicht wahr, sagt Augustinus, daß der Philosoph Platon in unzähligen Zyklen dazu verdammt ist, in einer Lehrstätte bei Athen, welche die Akademie genannt wird, immer dieselben Schüler in immer denselben Lehren zu unterweisen: »Nur einmal ist Christus für unsere Sünden gestorben, er ist von den Toten auferstanden und wird nie mehr sterben.« Indem das Christentum die Zyklen durchbrach und die Idee einer endlichen, irreversiblen Zeit einführte, hat es die Heterogenität der Zeit betont; das heißt: es zeigte diese Eigenschaft der Zeit, mit sich selbst zu brechen, sich zu teilen und sich abzusondern, immer eine andere zu sein. Der Sündenfall bedeutet den Bruch mit der paradiesischen ewigen Gegenwart: der Beginn der Zeitfolge ist der Beginn der Spaltung. Wenn die Zeit sich ständig teilt, wiederholt sie nur die ursprüngliche Spaltung, den

* Augustinus, *De civitate Dei*.

29

Bruch des Anfangs: die Teilung der ewigen, mit sich selbst identischen Gegenwart in ein Gestern, ein Heute und ein Morgen, jedes anders und einmalig. Dieser ständige Wandel ist das Merkmal der Unvollkommenheit, das Zeichen des Sündenfalls. Endlichkeit, Unwiderruflichkeit und Heterogenität sind Manifestationen der Unvollkommenheit: jede Minute ist einmalig und anders, weil sie von der Einheit getrennt, abgespalten ist. Geschichte ist synonym mit Sündenfall.

Der Heterogenität der geschichtlichen Zeit wird die Einheit der Zeit, die nach den Zeiten kommt, entgegengesetzt: in der Ewigkeit enden die Widersprüche, alles ist mit sich selbst versöhnt, und in dieser Versöhnung erlangt ein jegliches seine gleichbleibende Vollkommenheit, seine erste und letzte Einheit. Die Wiederkehr der ewigen Gegenwart nach dem Jüngsten Gericht ist der Tod des Wandels – der Tod des Todes. Die ontologische Bejahung der christlichen Ewigkeit ist nicht weniger erschreckend als die Negation Indiens, wie man in einer Passage der *Divina commedia* sehen kann. Im dritten Kreis der Hölle, wo die Schlemmer im Schlamm ihre Strafe verbüßen, begegnet Dante einem Landsmann, einem armen Menschen, Ciacco ›das Schweinchen‹*. Nachdem der Verdammte neues Unheil für Florenz prophezeit hat – die Verdammten besitzen die Gabe des zweiten Gesichts – und den Dichter gebeten hat, wenn er in sein Land zurückkehre, ihn dem Andenken der Leute zu empfehlen, versinkt er in den trüben Wassern. »Er wird nicht wieder auftauchen«, sagt Vergil, »bis die Trompete des Engels erschallt«, das heißt am Tag des Jüngsten Gerichts. Dante fragt seinen Führer, ob die Strafe dieses armen Mannes nach dem »großen Richttag« schwerer oder leichter sein wird. Und Vergil antwortet

* *Die Göttliche Komödie*, »Die Hölle«, VI. Gesang.

mit vollkommener Logik: er wird mehr leiden, denn je
größer die Vollkommenheit, desto größer die Freude
oder das Leid. Am Ende der Zeiten werden jedes Ding
und jedes Wesen vollkommener das sein, was es ist: die
Fülle der Freude im Paradies entspricht in allem genau
der Fülle des Leids in der Hölle.

Atemporelle Vergangenheit des Primitiven, zyklische
Zeit, buddhistische Leere. Aufhebung der Gegensätze
im Brahman oder in der christlichen Ewigkeit: der Fächer der Konzeptionen der Zeit ist sehr breit, doch kann
diese außerordentliche Vielfalt auf ein einziges Prinzip
reduziert werden. Alle diese Archetypen, so verschieden
sie sind, haben eines gemeinsam: sie sind Versuche, die
Veränderungen zu annullieren oder doch wenigstens zu
minimalisieren. Der Pluralität der realen Zeit steht die
Einheit einer idealen oder archetypischen Zeit entgegen;
der Heterogenität, in der sich die Zeitfolge manifestiert,
eine Zeit jenseits der Zeit, die sich selbst stets gleich ist.
Auf der einen Seite postulieren die radikalsten Versuche,
wie die buddhistische Leere oder die christliche Ontologie, Konzeptionen, in denen die Andersheit und der Widerspruch, die dem Lauf der Zeit innewohnen, zugunsten einer Zeit ohne Zeit völlig verschwinden. Auf der
anderen neigen die zeitlichen Archetypen zur Versöhnung der Gegensätze, ohne sie ganz aufzuheben, sei es
durch die Konjunktion der Zeiten in einer unvordenklichen Vergangenheit, die sich fortwährend vergegenwär-
tigt, oder durch die Idee der Zyklen oder Zeitalter der
Welt. Unsere Epoche bricht mit allen diesen Denkarten.
Als Erbin der linearen, irreversiblen Zeit des Christentums widersetzt sie sich, wie dieses, allen zyklischen
Konzeptionen; auch negiert sie den christlichen Archetypus und bejaht einen anderen, der die Negation aller
Vorstellungen und Bilder ist, die sich die Menschen von

der Zeit gemacht hatten. Die moderne Epoche – diese Periode, die im 18. Jahrhundert beginnt und die jetzt vielleicht zu Ende geht – ist die erste, die den Wandel preist und ihn zu ihrer Grundlage macht. Unterschied, Trennung, Heterogenität, Pluralität, Neuheit, Evolution, Entwicklung, Revolution, Geschichte: alle diese Namen lassen sich auf einen reduzieren: Zukunft. Weder die Vergangenheit noch die Ewigkeit, nicht die Zeit, die ist, sondern die Zeit, die noch nicht ist und die immer unmittelbar bevorsteht.

Gegen Ende des 18. Jahrhunderts besuchte Mirza Abū Tāleb Khan, ein moslemischer Inder von großer Intelligenz, England, und nach seiner Rückkehr schrieb er auf persisch ein Buch, in dem er seine Eindrücke schilderte*. Unter den Dingen, die ihn am meisten in Erstaunen setzten – neben den technischen Errungenschaften, dem Stand der Wissenschaften, der Kunst der Konversation und der Anmut der englischen Mädchen, die er »irdische Zypressen« nennt, »die einem alles Verlangen, im Schatten der Bäume des Paradieses auszuruhen, vergessen lassen« –, findet sich der Fortschrittsbegriff: »Die Engländer haben sehr sonderbare Ansichten über die Vollkommenheit. Sie betonen, daß sie eine ideelle Eigenschaft ist, die ganz auf dem Vergleich beruht; sie sagen, die Menschheit habe sich graduell aus dem Stande der Wildheit zur hohen Würde des Philosophen Newton erhoben, doch habe sie noch lange nicht die Vollkommenheit erlangt, und es sei daher möglich, daß in künftigen Zeiten die Philosophen die Entdeckungen Newtons mit der gleichen Geringschätzung betrachten, mit der wir heute den groben Zustand der Künste bei den Wilden betrachten.« Für Abū Tāleb Khan ist unsere Vollkom-

---

* »The Travels of Mirza Abū Tāleb« in *Sources of Indian Tradition.* Columbia University Press, New York 1958.

menheit ideell und relativ: sie besitzt keine Realität und wird auch keine besitzen, sie wird immer unzulänglich, unvollkommen sein. Unsere Vollkommenheit ist nicht das, was ist, sondern das, was sein wird. Die Alten sahen die Zukunft voller Angst und rezitierten, um sie zu beschwören, leere Formeln; wir gäben unser Leben dafür, ihr strahlendes Gesicht zu sehen – ein Gesicht, das wir nie sehen werden.

II
Der Aufstand der Zukunft

In allen Gesellschaften schaffen die Generationen ein Gewebe, das nicht nur aus Wiederholungen besteht, sondern auch aus Variationen; und in allen entsteht auf die eine oder andere Weise, offen oder verschleiert, der »Streit zwischen den Alten und den Modernen«. Es gibt ebenso viele moderne Epochen, wie es geschichtliche Epochen gibt. Trotzdem hat sich keine Gesellschaft oder irgendeine Epoche selbst *modern* genannt – außer der unseren. Ist die Moderne eine bloße Folge des Zeitablaufs, so wird man sich, wenn man als Namen das Wort *modern* wählt, im voraus damit abfinden müssen, diesen Namen bald wieder zu verlieren. Wie wird die moderne Epoche in der Zukunft genannt werden? Um der Erosion, die alles zerstört, zu widerstehen, beschlossen andere Gesellschaften, sich den Namen eines Gottes, eines Glaubens oder eines Schicksals zu geben: Islam, Christentum, Reich der Mitte ... Alle diese Namen beziehen sich auf ein unveränderliches Prinzip oder zumindest auf beständige Ideen und Bilder. Jede Gesellschaft gründet sich auf einen Namen, ihren wahren Grundstein; und mit dem Namen definiert die Gesellschaft sich nicht nur, sondern sie behauptet sich auch gegenüber den anderen. Der Name teilt die Welt in zwei Teile: Christen – Heiden, Mohammedaner – Ungläubige, Zivilisierte – Barbaren, Tolteken – Chichimeken ... wir – sie. Auch unsere Gesellschaft zweiteilt die Welt: das Moderne – das Alte. Diese Teilung wirkt sich nicht nur im Innern der Gesellschaft aus – hier nimmt sie die Form des Gegensatzes zwischen dem Modernen und dem Traditionellen an –, sondern sie wird auch nach außen projiziert: jedesmal,

wenn die Europäer und die Menschen europäischer Ab-
stammung in Nordamerika auf andere Kulturen und Zivilisationen stießen, haben sie diese *rückständig* genannt.
Es ist nicht das erste Mal, daß eine Zivilisation ihre Ideen
und Institutionen anderen Völkern aufzwingt, aber es ist
das erste Mal, daß man, anstatt ein atemporales Prinzip
aufzustellen, als universales Ideal die Zeit und ihre
Wandlungen postuliert. Für den Mohammedaner oder
den Christen bestand die Inferiorität des Fremden darin,
daß dieser seinen Glauben nicht teilte: für den Griechen,
den Chinesen oder den Tolteken darin, daß der andere
ein Barabar, ein Chichimeke war. Seit dem 18. Jahrhundert ist der Afrikaner oder der Asiate inferior, weil er
nicht modern ist. Seine Fremdheit – seine Inferiorität –
rührt von seiner »Rückständigkeit«. Es wäre unnütz,
sich zu fragen: Rückständigkeit in bezug auf was oder
wen? Der Okzident hat sich mit der Zeit identifiziert,
und es gibt keine andere Moderne als die des Okzidents.
Es gibt kaum noch Barbaren, Ungläubige, Heiden, Un-
reine; besser gesagt, die neuen Heiden und Underdogs
gibt es zu Millionen, aber sie heißen (wir nennen sie) die
Unterentwickelten ... Hier muß ich einen kleinen Ex-
kurs über einen gewissen pervertierten Gebrauch des
Wortes Unterentwicklung einschieben.
Das Adjektiv *unterentwickelt* gehört zur anämischen,
kastrierten Sprache der Vereinten Nationen. Es ist ein
Euphemismus für den Ausdruck, den bis vor einigen
Jahren alle gebrauchten: rückständiges Volk. Das Wort
hat auf den Gebieten der Anthropologie und der Geschichte keine exakte Bedeutung: es ist kein wissen-
schaftlicher, sondern ein bürokratischer Terminus.
Trotz seiner definitorischen Vagheit – oder gerade ihret-
wegen – ist es das Lieblingswort von Nationalökonomen
und Soziologen. Begünstigt durch seine Ambiguität ent-

wickeln sich zwei Pseudo-Ideen, zwei gleichermaßen unheilvolle Aberglauben: der eine unterstellt, es gäbe nur eine Zivilisation oder die verschiedenen Zivilisationen ließen sich auf ein einziges Modell, die moderne westliche Zivilisation, reduzieren; der andere nimmt an, die Veränderungen der Gesellschaften und Kulturen seien linear und fortschreitend und somit meßbar. Letzteres aber ist ein schwerer Irrtum: wenn wir die sozialen Phänomene – von der Ökonomie bis hin zur Kunst, zur Religion und zur Erotik – wirklich quantifizieren und formalisieren könnten, wären die sogenannten Gesellschaftswissenschaften Wissenschaften wie die Physik, die Chemie oder die Biologie. Wir alle wissen, daß dem nicht so ist.

Die Gleichsetzung von Modernität und Zivilisation hat solche Ausmaße angenommen, daß in Lateinamerika viele von unserer kulturellen Unterentwicklung sprechen. Auf die Gefahr hin, monoton zu werden, muß ich wiederholen, daß es erstens nicht nur eine einzige Zivilisation gibt, und zweitens, daß in keiner Kultur die Entwicklung linear verläuft: die Geschichte kennt die gerade Linie nicht. Shakespeare ist nicht höher »entwickelt« als Dante, und Cervantes ist im Vergleich mit Hemingway nicht »unterentwickelt«. Es stimmt, daß es im Bereich der Wissenschaften eine Akkumulation von Wissen gibt, und in dieser Hinsicht könnte man von Entwicklung sprechen. Doch diese Akkumulation von Erkenntnissen impliziert keineswegs, daß die Wissenschaftler von heute in höherem Maße »entwickelt« sind als die von gestern. Andererseits zeigt uns die Geschichte der Wissenschaft, daß auch die Fortschritte in jeder ihrer Disziplinen nicht kontinuierlich und gradlinig sind. Man wird einwenden, daß der Entwicklungsbegriff zumindest dann vertretbar ist, wenn wir von der Technik und ihren gesellschaftlichen Folgen sprechen. Doch gerade in dieser Hinsicht erscheint mir der Begriff zweideutig und gefährlich. Die Prinzipien, auf welche die Technik sich gründet, sind universal, ihre Anwendung jedoch ist es nicht. Wir Mexikaner haben dafür ein konkretes Beispiel: die gedankenlose Übernahme nordamerikanischer Techniken hat in Mexiko unendlich viel Unheil angerichtet und ethische und ästhetische Monströsitäten zur Folge gehabt. Unter dem Vorwand, unserer Unterentwicklung ein Ende zu machen, haben wir in den letzten Jahrzehnten eine fortschreitende Degradation unseres Lebensstils und unserer Kultur erfahren. Wir haben vieles erdulden müssen, und wir haben mehr verloren, als wir gewonnen haben. Es liegt in dem, was ich sage, keine obskurantistische Nostalgie – die einzigen Obskurantisten sind diejenigen, die dem Aberglauben des Fortschritts-um-jeden-Preis anhängen. Ich weiß, daß wir der »Entwicklung« nicht entgehen können, daß wir zu ihr verurteilt sind, doch laßt uns dafür sorgen, daß diese Verurteilung weniger inhuman ist.

Entwicklung, Fortschritt, Modernität: wann beginnt das moderne Zeitalter? Von den verschiedenen Arten, die großen Bücher der Vergangenheit zu lesen, gebe ich einer den Vorzug: nicht das in ihnen zu suchen, was wir sind, sondern gerade jenes, das das, was wir sind, negiert. Ich möchte erneut Dante, den unvergleichlichen Meister, anführen, da er der inaktuellste der großen Dichter unserer Tradition ist. Der Florentiner Dichter und sein Führer gehen durch ein weites Feld flammender Gräber: es ist der sechste Kreis der Hölle, wo die Ketzer, die Epikureer und die materialistischen Philosophen, büßen.* In einem dieser Gräber finden sie einen Florentiner Patrizier, Farinata degli Uberti, der standhaft die

* *Die Göttliche Komödie*, »Die Hölle«, X. Gesang.

Feuerfolter erleidet. Farinata prophezeit Dantes Verbannung, und danach sagt er, daß er selbst auch der Gabe des zweiten Gesichts beraubt werden wird, »wenn sich die Tore der Zukunft schließen«. Nach dem Jüngsten Gericht wird es nichts mehr vorauszusagen geben, da sich nichts mehr ereignen wird. Abschluß der Zeit, Ende der Zukunft: alles muß für immer sein, was es ist, ohne sich zu ändern oder zu wandeln. Jedesmal, wenn ich diese Passage lese, meine ich die Stimme nicht nur eines anderen Zeitalters, sondern auch einer anderen Welt zu vernehmen. Und so ist es: es ist eine andere Welt, die diese schrecklichen Worte ausspricht. Das Thema des Todes Gottes ist ein Gemeinplatz geworden, und selbst die Theologen sprechen offen über diesen Topos, doch der Gedanke, daß die Tore der Zukunft eines Tages geschlossen werden sollen ... dieser Gedanke macht mich abwechselnd schaudern und lachen.

Wir begreifen die Zeit als einen kontinuierlichen Verlauf, als eine ständige Bewegung auf die Zukunft zu; wird die Zukunft verschlossen, kommt die Zeit zum Stillstand. Ein unerträglicher und unannehmbarer Gedanke, denn er ist in doppelter Weise abscheulich: er beleidigt unser moralisches Empfinden, indem er sich über unsere Hoffnungen auf die Perfektibilität des Menschengeschlechts lustig macht, und er beleidigt unsere Vernunft, indem er unsere Anschauungen bezüglich der Evolution und des Fortschritts negiert. In der Welt Dantes ist die Vollkommenheit gleichbedeutend mit vollendeter, in ihrem Sein ruhender Wirklichkeit. Der unbeständigen und endlichen Zeit der Geschichte entzogen, ist jedes Ding, was es in alle Ewigkeit ist. Ewige Gegenwart, die uns undenkbar und unmöglich erscheint: die Gegenwart ist per definitionem der Augenblick, und der Augenblick ist die reinste, intensivste und unmittelbarste Form der Zeit.

Wenn die Intensität des Augenblicks zur Dauer erstarrt, stehen wir vor einer logischen Unmöglichkeit, die zugleich ein Alptraum ist. Für Dante ist die konstante Gegenwart der Ewigkeit die Fülle der Vollkommenheit; für uns ist sie eine wahre Verdammung, denn sie hält uns in einem Zustand gefangen, der, wo nicht der Tod, so doch auch nicht das Leben ist. Das Reich lebendig Eingemauerter, Gefangener hinter Mauern nicht aus Ziegeln und Stein, sondern aus erstarrten Minuten. Negation des Lebens, wie wir es uns vorgestellt haben, wie wir es empfunden und geliebt haben: als ständige Möglichkeit des Seins, als Bewegung, Veränderung, Fortschreiten auf das wandlungsfähige Land der Zukunft zu. Dort, in der Zukunft, wo das Sein Vorahnung des Seins ist, sind unsere Paradiese … Wir können jetzt mit ziemlicher Sicherheit sagen, daß die moderne Zeit in dem Augenblick beginnt, da der Mensch es wagt, eine Tat zu vollbringen, die Dante und Farinata degli Uberti zugleich schaudern und lachen gemacht hätte: die Tore der Zukunft öffnen.

Die Moderne ist ein ausschließlich okzidentaler Begriff, den es in keiner anderen Kultur gibt. Der Grund hierfür ist einfach: alle anderen Kulturen postulieren Zeit-Bilder und -Archetypen, aus denen unsere Vorstellung von der Zeit nicht abzuleiten ist, auch nicht als Negation. Die buddhistische Leere, das Sein ohne Akzidentien und Attribute der Hinduisten, die zyklische Zeit der Griechen, der Chinesen und der Azteken oder die archetypische Vergangenheit der Primitiven sind Konzeptionen, die keine Beziehung zu unserem Zeitbegriff haben. Die christliche Gesellschaft des Mittelalters stellt sich die geschichtliche Zeit als einen endlichen, sukzessiven und irreversiblen Verlauf vor; am Ende dieser Zeit – oder wie der Dichter sagt: wenn die Tore der Zukunft geschlossen werden – wird eine ewige Gegenwart herrschen. In der endlichen Zeit der Geschichte, im Jetzt, setzt der Mensch sein ewiges Leben aufs Spiel. Es ist klar, daß die Idee der Moderne nur innerhalb dieser Konzeption einer sukzessiven und irreversiblen Zeit entstehen konnte; und ebenso, daß sie nur als eine Kritik der christlichen Ewigkeit entstehen konnte. In einer anderen, der islamischen Kultur, ist der Zeit-Archetypus dem des Christentums zwar ähnlich, doch konnte es dort, aus Gründen, von denen gleich die Rede sein wird, nicht zu dieser Kritik der Ewigkeit kommen, in der die Moderne im wesentlichen besteht.

Alle Gesellschaften sind innerlich zerrissen von Widersprüchen, die zugleich materieller und ideeller Art sind. Diese Widersprüche äußern sich für gewöhnlich in geistigen, religiösen oder politischen Konflikten. Dank dieser Konflikte leben die Gesellschaften, und an ihnen sterben sie: sie sind ihre Geschichte. Eine der Funktionen des Zeit-Archetypus aber ist es, diesen Widersprüchen eine übergeschichtliche Lösung zu bieten und die Gesellschaft so vor dem Wandel und dem Tod zu bewahren. Deshalb ist jedes Bild von der Zeit eine Metapher, geschaffen nicht von einem Dichter, sondern von einem ganzen Volk. Übergang von der Metapher zum Begriff: alle großen kollektiven Bilder von der Zeit werden zum Gegenstand theologischer und philosophischer Spekulation. Und alle trachten danach, wenn sie durch das Sieb der Vernunft und der Kritik gehen, als mehr oder weniger klare Versionen dieses logischen Prinzips zu erscheinen, das wir das Identitätsprinzip nennen: Beseitigung der Widersprüche, sei es durch Neutralisierung der gegensätzlichen Begriffe oder durch Annullierung eines von ihnen. Manchmal ist die Auflösung der Antagonismen radikal. Die buddhistische Kritik vernichtet die beiden Begriffe, das Ich und die Welt, und führt an ihrer Stelle die Leere ein, ein Absolutum, über das sich nichts sagen läßt, weil es von allem leer ist – sogar, wie die Mahayana-Sutras sagen, leer von seiner Leere. In anderen Fällen werden die Gegensätze nicht beseitigt, sondern versöhnt und in Einklang gebracht, wie in der Philosophie des alten China. Die Möglichkeit, daß der Widerspruch birst und das System sprengt, ist nicht nur eine Gefahr für die Logik, sondern auch für das Leben: wenn die Kohärenz zerreißt, verliert die Gesellschaft ihre Grundlage und verfällt. Daher der geschlossene und selbstgenügsame Charakter dieser Archetypen, ihr Unverletzlichkeits-Anspruch und ihre Resistenz gegenüber dem Wandel. Eine Gesellschaft kann ihren Archetypus wechseln, vom Polytheismus zum Monotheismus und von der zyklischen Zeit zur endlichen und irreversiblen Zeit des Islam übergehen; die Archetypen selbst verändern und wandeln sich nicht. Doch gibt es eine Ausnahme von dieser universalen Regel: die Gesellschaft des Okzidents.

Die christliche Dichotomie ist das doppelte Erbe des judäischen Monotheismus und der heidnischen Philosophie. Die griechische Idee des Seins – in ihren verschiedenen Versionen, von den Vorsokratikern bis zu den Epikureern, Stoikern und Neuplatonikern – ist unvereinbar mit der judäischen Idee eines einzigen, personalen Gottes und Weltschöpfers. Dieser Gegensatz war das zentrale Thema der christlichen Philosophie seit den Kirchenvätern. Ein Gegensatz, den die Scholastik mit einer Ontologie von außerordentlicher Subtilität aufzulösen versuchte. Die Moderne ist die Folge dieses Widerspruchs und in gewisser Weise seine Auflösung in dem der Scholastik entgegengesetzten Sinne. Der Streit zwi-

schen Vernunft und Offenbarung spaltete auch die arabi-
sche Welt, aber dort war die Offenbarung siegreich: Tod
der Philosophie und nicht, wie im Okzident, Tod Gottes. Der Sieg der Ewigkeit im Islam veränderte den Wert
und die Bedeutung der menschlichen Zeit: die Geschichte war Heldentat oder Legende, nicht Erfindung
der Menschen. Die Tore der Zukunft schlossen sich; der
Sieg des Identitätsprinzips war absolut: Allah ist Allah.
Der Okzident entging der Tautologie – doch nur, um
dem Widerspruch zu verfallen.

Die Moderne beginnt, als sich der Gegensatz zwischen
Gott und Sein, Vernunft und Offenbarung als faktisch
unauflösbar erweist. Entgegengesetzt zum Prozeß im Islam entwickelt sich bei uns die Vernunft auf Kosten der
Gottheit. Gott ist das Eine, es duldet die Andersheit und
die Heterogenität nur als Sünde, nicht zu sein; die Vernunft hat die Tendenz, sich von sich selbst zu separieren:
jedesmal, wenn sie sich prüft, spaltet sie sich; jedesmal,
wenn sie sich betrachtet, erblickt sie sich als ein anderes
Selbst. Die Vernunft trachtet nach Einheit, doch im
Unterschied zur Gottheit ruht sie nicht in ihr und identifiziert sich nicht mit ihr. Die Trinität, eine göttliche Evi-
denz, ist für die Vernunft ein unergründliches Myste-
rium. Wenn die Einheit sich reflektiert, wird sie eine
andere: sie sieht sich selbst als Andersheit. Indem der
Okzident sich mit der Vernunft identifizierte, verurteilte
er sich dazu, immer ein anderer zu sein, sich selbst zu
negieren, um fortzubestehen.

In den großen metaphysischen Systemen, welche die
Moderne an ihrem Anfang ausarbeitet, zeigt sich die
Vernunft als ein zulängliches Prinzip: identisch mit sich
selbst, gründet sie auf nichts anderem als auf sich selbst,
und deshalb ist sie die Grundlage der Welt. Indes werden
diese Systeme schon bald durch andere ersetzt, in denen

die Vernunft vor allem Kritik ist. Auf sich selbst verwiesen, hört die Vernunft auf, Systeme zu schaffen; indem sie sich prüft, zieht sie ihre Grenzen, urteilt über sich, und indem sie über sich urteilt, zerstört sie sich als Leitprinzip selbst. Doch in dieser Selbstzerstörung findet sie eine neue Grundlage. Die kritische Vernunft ist unser Leitprinzip, jedoch in einer eigentümlichen Weise: sie errichtet keine Systeme, die gegen die Kritik gefeit sind, sondern sie ist die Kritik ihrer selbst. Sie leitet uns in dem Maße, wie sie sich spaltet und zum Gegenstand der Analyse, des Zweifels, der Negation wird. Sie ist weder ein Tempel noch eine Festung; sie ist ein offener Raum, ein öffentlicher Platz und ein Weg: eine Diskussion, eine Methode. Ein Weg, der sich abwechselnd öffnet und verschließt, eine Methode, deren Prinzip es ist, alle Prinzipien zu untersuchen. Die kritische Vernunft betont durch eben ihre Strenge ihre Zeitlichkeit, ihre stets imminente Möglichkeit des Wandels und der Variation. Nichts ist permanent: die Vernunft identifiziert sich mit der Zeitfolge und der Andersheit. Die Moderne ist synonym mit Kritik und identifiziert sich mit dem Wandel; sie ist nicht die Bejahung eines atemporalen Prinzips, sondern die Entfaltung der kritischen Vernunft, die sich fortwährend selbst befragt, sich prüft und sich zerstört, um erneut wiederzuerstehen. Es leitet uns nicht das Identitätsprinzip mit seinen enormen, monotonen Tautologien, sondern die Andersheit und der Widerspruch, die Kritik in ihren schwindelerregenden Manifestationen. In der Vergangenheit war es Zweck der Kritik, zur Wahrheit zu gelangen; in der Moderne ist die Wahrheit Kritik. Das Prinzip, das unsere Zeit begründet, ist keine ewige Wahrheit, sondern die Wahrheit des Wandels.

Der Widerspruch der christlichen Gesellschaft war der Gegensatz von Vernunft und Offenbarung, dem Sein, das sich selbst denkendes Denken ist, und Gott als Person und Schöpfer; der Widerspruch des modernen Zeitalters manifestiert sich in allen diesen Versuchen, Systeme zu errichten, die ebenso fundiert sind wie die Religionen und Philosophien, jedoch nicht auf einem atemporellen Prinzip, sondern auf dem Prinzip des Wandels gründen. Hegels Philosophie könnte man als die Heilung der Spaltung bezeichnen. Wenn die Moderne die Spaltung der christlichen Gesellschaft ist und wenn die kritische Vernunft, unsere Grundlage, permanente Spaltung ihrer selbst ist, wie können wir uns von der Spaltung heilen, ohne uns selbst zu negieren und unsere Grundlage zu negieren? Wie den Widerspruch in Einheit auflösen, ohne ihn zu beseitigen? In den anderen Kulturen ging die Aufhebung des Antagonismus zwischen den entgegengesetzten Begriffen der Bejahung der Einheit voraus. In der katholischen Welt bot die Ontologie der Grade des Seins ebenfalls eine Möglichkeit, die Gegensätze abzuschwächen und sie fast völlig verschwinden zu lassen. In der Moderne wagt die Dialektik gleiches, aber sie greift dabei zu einem Paradox: sie macht aus der Negation die Brücke zwischen den Begriffen. Sie sucht die Antagonismen zu beseitigen, indem sie die Gegensätze nicht abschwächt, sondern verschärft. Obgleich Kant die transzendentale Dialektik »die Logik des Scheins« genannt hatte, versicherte Hegel, daß es dank der Negativität des Begriffs möglich sei, das philosophische Ärgernis, das das kantische »Ding an sich« darstellte, zu beseitigen. Man muß kein Kantianer sein, um zu sehen, daß, selbst wenn Hegel recht hätte, die Widersprüche durch die Dialektik nur aufgelöst werden, um sogleich wieder aufzutauchen. Das letzte große philosophische

System des Okzidents oszilliert zwischen dem spekulativen Wahn und der kritischen Vernunft; es ist ein Denken, das sich als System nur konstituiert, um sich aufzuspalten. Heilung der Spaltung durch die Spaltung. Die Moderne: auf der einen Seite Hegel und seine materialistischen Nachfahren; auf der anderen Seite die Kritik jener Versuche, von Hume bis zur analytischen Philosophie. Dieser Gegensatz ist die Geschichte des Okzidents, sein Seinsgrund. Eines Tages wird er auch der Grund seines Todes sein.

Die Moderne ist eine Trennung. Ich gebrauche das Wort in seiner unmittelbarsten Bedeutung: sich von etwas lösen, sich scheiden. Die Moderne beginnt als ein Sichlossagen von der christlichen Gesellschaft. Getreu ihrem Ursprung, ist sie ein ständiger Bruch, ein fortwährendes Sichtrennen von sich selbst; jede Generation wiederholt den ursprünglichen Akt, der uns begründet, und diese Wiederholung ist zugleich unsere Negation und unsere Erneuerung. Die Trennung verbindet uns mit der ursprünglichen Bewegung unserer Gesellschaft, und die Scheidung führt uns dazu, uns selbst zu finden. Als handelte es sich um eine dieser von Dante ersonnenen Strafen (die für uns jedoch Glück bedeutet: unsere Belohnung dafür, daß wir in der Geschichte leben), suchen wir uns in der Andersheit, finden uns in ihr, und nachdem wir mit diesem anderen, den wir erfinden und der nur unser Spiegelbild ist, eins geworden sind, drängt es uns, von diesem Phantom uns zu trennen, wir lassen es hinter uns und gehen erneut auf die Suche nach uns selbst, laufen unserem Schatten nach. Ein ständiges Unterwegssein nach dort, immer nach dort – von dem wir nicht wissen, wo es ist. Und wir nennen dies: Fortschritt.

Unsere Vorstellung von der Zeit als ständiger Wandel bedeutet nicht nur einen Bruch mit dem Archetypus des christlichen Mittelalters, sondern auch eine neue Verbindung seiner Elemente. Die endliche Zeit des Christentums wird zur fast unendlichen Zeit der natürlichen und geschichtlichen Entwicklung, bewahrt jedoch zwei ihrer konstitutiven Eigenschaften: ihre Unwiederholbarkeit und ihre Abfolge. Die Moderne negiert die zyklische Zeit ebenso kategorisch, wie Augustinus sie negiert hatte: alles geschieht nur einmal, ist unwiederholbar. Was die Person des zeitlichen Dramas betrifft, ist sie nicht mehr der einzelne Mensch, sondern die ganze menschliche Gemeinschaft, das Menschengeschlecht. Das zweite Element, die Vollendung, die der Ewigkeit eignet, ist zu einem Attribut der Geschichte geworden. So kam dem Wandel zum ersten Mal ein Wert zu: Wesen und Dinge erlangen ihre Vollkommenheit, ihre volle Wirklichkeit, nicht in der anderen Zeit der anderen Welt, sondern in der Zeit des Hier – eine Zeit, die keine ewige Gegenwart ist, sondern flüchtig. Die Geschichte ist unser Weg zur Vollkommenheit.

Die Moderne legte den Akzent nicht auf die konkrete Wirklichkeit eines jeden Menschen, sondern auf die ideelle Wirklichkeit der Gesellschaft und der Gattung. Als die Taten und Werke des Menschen ihre individuelle religiöse Bedeutung verloren – die ewige Seligkeit oder die ewige Verdammnis –, nahmen sie eine überindividuelle und geschichtliche Färbung an. Eine Subversion der christlichen Werte, die auch eine wahre Konversion war: die menschliche Zeit hört auf, um die unbewegliche Sonne der Ewigkeit zu kreisen, und postuliert eine Vollkommenheit nicht außerhalb, sondern innerhalb der Geschichte; die Gattung, nicht das Individuum, ist das Subjekt der neuen Vollkommenheit, und der Weg, der sich ihm bietet, diese zu erreichen, ist nicht die Verschmelzung mit Gott, sondern die Teilnahme am weltlichen, geschichtlichen Handeln. Mit ersterem wird die Vollkommenheit, in der Scholastik das Attribut der Ewigkeit, in die Zeit eingeführt; mit letzterem wird negiert, daß das kontemplative Leben das höchste menschliche Ideal ist, und als höchster Wert wird das Wirken in der Zeit bejaht. Nicht die Verschmelzung mit Gott, sondern mit der Geschichte: dies ist die Bestimmung des Menschen. Die Arbeit tritt an die Stelle der Sühne, der Fortschritt an die der Gnade, die Politik an die der Religion.

Die Moderne begreift sich selbst als revolutionär. Sie ist es auf verschiedene Weise. Die erste und auffälligste ist semantischer Art: die Moderne beginnt damit, den Sinn des Wortes Revolution zu verändern. Der ursprünglichen Bedeutung – Umlaufbewegung der Planeten um die Sonne – wird eine weitere beigegeben, die die heute übliche ist: gewaltsamer Bruch mit dem alten System und Einführung einer gerechteren und rationaleren Gesellschaftsordnung. Das Kreisen der Himmelskörper war gleichsam eine sichtbare Manifestation der kreisförmigen Zeit; in seiner neuen Bedeutung war das Wort Revolution der vollkommenste Ausdruck der sukzessiven, linearen und irreversiblen Zeit. Im einen Fall ewige Wiederkehr der Vergangenheit; im anderen Zerstörung der Vergangenheit und Aufbau einer neuen Gesellschaft. Aber die erste Bedeutung verschwindet nicht völlig, sie erfährt ein weiteres Mal einen Wandel. Die Idee der Revolution in ihrer modernen Bedeutung vertritt mit größter Kohärenz die Konzeption der Geschichte als Wandel und unumgänglichen Fortschritt: wenn die Gesellschaft sich nicht weiterentwickelt, wenn sie stagniert, bricht eine Revolution aus. Doch wenn Revolutionen notwendig sind, dann ist für die Geschichte die zyklische Zeit eine Notwendigkeit. Ein Geheimnis, so unlösbar wie das der Trinität, denn Revolutionen sind Ausdruck der irreversiblen Zeit und mithin Manifestationen der kritischen Vernunft: die Freiheit selbst. Die Ambiguität der Revolution: ihr Gesicht zeigt uns die mythischen Züge der zyklischen Zeit und die geometrischen Züge der Kritik, das Alleräletste und das Allerneueste.

Die große revolutionäre Veränderung, die große Umwandlung, betraf die Zukunft. In der christlichen Gesellschaft war die Zukunft zum Tode verurteilt: der Sieg der ewigen Gegenwart am Tage nach dem Jüngsten Gericht bedeutete auch das Ende der Zukunft. Die Moderne verkehrt die Begriffe: Wenn der Mensch Geschichte ist und sich nur in der Geschichte verwirklicht; wenn die Geschichte in die Zukunft führende Zeit ist und die Zukunft der auserwählte Ort der Vollkommenheit; wenn die Vollkommenheit in bezug auf die Zukunft relativ ist und absolut gegenüber der Vergangenheit ..., dann wird die Zukunft zum Zentrum der zeitlichen Trias: sie ist der Magnet der Gegenwart und der Prüfstein der Vergangenheit. Ähnlich der beständigen Gegenwart des Christentums ist unsere Zukunft ewig. Wie jene ist sie unempfänglich für die Wechselfälle des Jetzt und gefeit gegen die Greuel des Gestern. Obgleich unsere Zukunft eine Projektion der Geschichte ist, liegt sie per definitionem jenseits der Geschichte, fern von ihren Unbilden, fern vom Wandel und der Zeitfolge. Wenn sie auch nicht die christliche Ewigkeit ist, so ähnelt sie ihr doch, da sie jenes ist, das sich jenseits der Zeit befindet: unsere Zukunft ist zugleich die Projektion der sukzessiven Zeit und ihre Negation. Der moderne Mensch sieht sich mit der gleichen Unausweichlichkeit der Zukunft entgegen eilen, wie sich der Christ dazu bestimmt sah, in den Himmel aufzusteigen oder in die Hölle zu stürzen.

Die christliche Ewigkeit bedeutete die Lösung aller Widersprüche und Agonien, sie war das Ende der Geschichte und der Zeit. Unsere Zukunft ist, auch wenn in ihr die Vollkommenheit liegt, kein Ort der Ruhe, kein Ende; sie ist im Gegenteil ein ständiger Beginn, ein andauerndes Fortschreiten. Unsere Zukunft ist ein Paradies/eine Hölle; ein Paradies, weil sie der auserwählte Ort des Verlangens ist, und eine Hölle, weil sie der Ort des Ungenügens ist. Einerseits ist unsere Vollkommenheit immer relativ, denn – so sagen die Marxisten und die anderen unverbesserlichen Historisten, wobei sie die Augen verdrehen – sind die gegenwärtigen Konflikte einmal gelöst, werden die Widersprüche auf immer höherer Ebene wieder auftauchen; denken wir andererseits, daß in der Zukunft das Ende der Geschichte und die Lösung ihrer Antagonismen liegt, werden wir die freiwilligen Opfer einer grausamen Täuschung: die Zukunft ist per definitionem unerreichbar und unberührbar. Das gelobte Land der Geschichte ist ein unzugängliches Gebiet, und darin zeigt sich am unmittelbarsten und am schmerzlichsten der Widerspruch, den die Moderne darstellt. Die Kritik, welche die Moderne der christlichen Ewigkeit gemacht hat, und jene, welche das Christentum der zirkulären Zeit des Altertums gemacht hat, ist anwendbar auch auf unseren eigenen Zeit-Archetyp. Die Überbewertung der Veränderung schließt die Überbewertung der Zukunft ein: eine Zeit, die es nicht gibt.

Ist die moderne Literatur modern? Ihre Modernität ist zwiespältig: es gibt einen Konflikt zwischen Dichtung und Moderne, der mit den Vorromantikern beginnt und bis heute andauert. Ich will im folgenden versuchen, diesen Konflikt zu beschreiben, nicht in seinen einzelnen Phasen – ich bin kein Literaturhistoriker –, sondern indem ich auf jene Momente und jene Werke eingehe, in denen sich der Gegensatz mit größerer Deutlichkeit zeigt. Ich nehme es hin, daß meine Methode als willkürlich betrachtet werden könnte; ich möchte jedoch bemerken, daß es Gründe für diese Willkür gibt. Mein Gesichtspunkt ist der eines hispanoamerikanischen Dichters; es handelt sich hier nicht um eine unparteiische Abhandlung, sondern um eine Erforschung meiner Herkunft und um einen indirekten Versuch der Selbstbestimmung. Diese Reflexionen gehören dem Genre an, das Baudelaire *parteiische Kritik* nannte, die einzige, die er für zulässig hielt.

Ich habe versucht, die Moderne als eine kritische Epoche, die aus einer Negation hervorging, zu definieren. Die kritische Negation schließt auch die Kunst und die Literatur ein: die künstlerischen Werte trennten sich von den religiösen Werten. Die Literatur errang ihre Autonomie: das Dichterische, das Künstlerische und das Schöne wurden Werte an sich ohne Bezug zu anderen Werten. Die Autonomie der künstlerischen Werte führte zur Konzeption der Kunst als Gegenstand, und diese führte ihrerseits zu einer zweifachen Invention: das Museum und die Kunstkritik. Im Bereich der Literatur äußerte sich die Moderne als Kult des literarischen »Gegenstands«: Gedicht, Roman, Drama. Die Tendenz begann in der Renaissance und verstärkte sich im 17. Jahrhundert, doch erst mit Beginn der Moderne werden sich die Dichter des schwindelerregenden und widersprüchlichen Charakters dieser Idee bewußt: ein Gedicht schreiben bedeutet, eine Wirklichkeit für sich zu schaffen, eine Wirklichkeit, die sich selbst genügt. Damit wurde der Begriff der Kritik *innerhalb* des dichterischen Schaffens eingeführt. Dem Anschein nach nichts natürlicher als das: die moderne Literatur ist, wie es einem kritischen

Zeitalter entspricht, eine kritische Literatur. Doch handelt es sich um eine Moderne, die sich bei näherer Betrachtung als paradox erweist: in vielen ihrer ungestümsten und charakteristischsten Werke – ich denke an die Tradition, die von den Romantikern zu den Surrealisten führt – ist die moderne Literatur eine leidenschaftliche Negation der Moderne; in einer ihrer anderen persistenten Richtungen, die den Roman ebenso einschließt wie die Lyrik – ich denke hier an die Tradition, die bei Mallarmé und bei Joyce ihren Höhepunkt erreicht –, ist unsere Literatur eine nicht minder leidenschaftliche und totale Kritik ihrer selbst. Kritik des Gegenstandes der Literatur: die bürgerliche Gesellschaft und ihre Werte; Kritik der Literatur als Gegenstand: die Sprache und ihre Bedeutungen. Auf die eine wie auf die andere Weise negiert sich die moderne Literatur, und indem sie sich negiert, behauptet und bestätigt sich ihre Modernität.

Es ist kein Zufall, daß sich die moderne Dichtung im Roman eher äußerte als in der Lyrik. Der Roman ist die moderne Gattung par excellence und auch diejenige, in der die Dichtung der Moderne am besten zum Ausdruck gekommen ist: die Poesie der Prosa. Bei den Vorromantikern wird die Modernität des Romans ambivalent und widersprüchlich, will sagen: in zweifacher Weise und vollauf modern. Wenn die moderne Literatur als eine Kritik der Moderne beginnt, ist die Gestalt, in der sich dieses Paradox geradezu exemplarisch verkörpert, Jean-Jacques Rousseau. In seinem Werk findet das beginnende Zeitalter – das Zeitalter des Fortschritts, der Erfindungen und der Entwicklung der urbanen Wirtschaft – nicht nur eine seiner Grundlagen, sondern auch seine erbittertste Negation. In den Romanen von Rousseau und in denen seiner Anhänger wird das ständige Schwanken zwischen Prosa und Poesie immer heftiger, nicht zugunsten der ersteren, sondern der letzteren. Prosa und Poesie liefern sich im Innern des Romans einen Kampf, und dieser Kampf ist das Wesen des Romans: der Sieg der Prosa macht aus dem Roman ein psychologisches, gesellschaftliches oder anthropologisches Dokument; der Sieg der Poesie verwandelt ihn in ein Gedicht. In beiden Fällen verschwindet der Roman als solcher. Um sich zu behaupten, muß der Roman Prosa und Poesie zugleich sein, ohne ganz das eine oder das andere zu sein. Die Prosa stellt in diesem komplementären Gegensatz das moderne Element dar: die Kritik, die Analyse. Seit Cervantes scheint die Prosa das Spiel langsam zu gewinnen, aber Ende des 18. Jahrhunderts wird die rationale Geometrie plötzlich von einem Beben erfaßt. Eine neue Macht, die Empfindsamkeit, erschüttert die Gefüge der Vernunft. Eine neue Macht? Vielmehr eine sehr alte, älter als die Vernunft und als die Geschichte selbst. Dem Neuen und dem Modernen, der Geschichte und ihren Daten setzen Rousseau und seine Anhänger die Empfindsamkeit entgegen, die nichts weiter ist als das Ursprüngliche, das, was datenlos ist, weil es vor der Zeit, am Anfang ist.

Die Empfindsamkeit der Vorromantiker verwandelt sich schon bald in die Leidenschaft der Romantiker. Erstere ist ein Einverständnis mit der natürlichen Welt, letztere ist Überschreitung der Gesellschaftsordnung. Beide sind Natur, aber humanisierte Natur: Körper. Obgleich die körperlichen Leidenschaften in der großen libertinen Literatur des 18. Jahrhunderts einen zentralen Platz einnehmen, beginnt der Körper erst bei den Vorromantikern und Romantikern zu sprechen. Und die Sprache, die er spricht, ist die Sprache der Träume, der Symbole und der Metaphern, in einer seltsamen Verbindung des Sakralen mit dem Profanen und des Erhabenen mit dem

Obszönen. Diese Sprache ist die der Dichtung, nicht die der Vernunft. Der Unterschied zu den Schriftstellern der Aufklärung ist radikal. Im freisinnigsten und gewagtesten Werk jener Periode, dem des Marquis de Sade, spricht der Körper nicht, obgleich das einzige Thema dieses Autors der Körper und seine Eigenarten und Verirrungen war: was durch diese blutüberströmten Körper spricht, ist die Philosophie. De Sade ist kein Autor der Leidenschaften; seine Delirien sind rational, und seine wahre Leidenschaft ist die Kritik. Er gerät in Begeisterung nicht angesichts der Stellungen, welche die Körper einnehmen, sondern angesichts der Strenge und der Brillanz der Ausführungen. Die Erotik der anderen libertinen Philosophen des 18. Jahrhunderts besitzt nicht die Maßlosigkeit jener de Sades, ist jedoch nicht minder kühl und rational: sie ist keine Leidenschaft, sondern eine Philosophie. Der Konflikt dauert bis in unsere Tage an: D.H. Lawrence und Bertrand Russell kämpften gegen das Puritanertum der Angelsachsen, doch ohne Zweifel hielt Lawrence Russells Einstellung zum Körper für zynisch und Russell jene von Lawrence für irrational. Derselbe Widerspruch zwischen den Surrealisten und den Anhängern der sexuellen Freiheit: für die einen ist die erotische Freiheit gleichbedeutend mit Imagination und Leidenschaft, für die anderen bedeutet sie eine rationale Lösung des Problems der körperlichen Beziehung zwischen den Geschlechtern. Bataille glaubte, die Überschreitung sei die Bedingung und sogar das Wesen der Erotik; die neue Sexualmoral glaubt, höbe man die Verbote auf oder mildere sie, dann würde die erotische Überschreitung verschwinden oder sich mäßigen. Blake sagt: »Wir beide lesen Tag und Nacht die Bibel, aber du liest schwarz, wo ich weiß lese.«*

* »The Everlasting Gospel« (ca. 1818) in *The Complete Poetry of Wil-*

Das Christentum hat die alten Götter und Geister der Erde, des Wassers, des Feuers und der Luft verfolgt. All jene, die es nicht ausrotten konnte, hat es verwandelt: einige, zu Teufeln geworden, wurden in die Tiefe gestürzt, wo man sie in der Bürokratie der Hölle beschäftigte; andere stiegen in den Himmel auf und bekleideten ein Amt in der Hierarchie der Engel. Die kritische Vernunft entvölkerte den Himmel und die Hölle, aber die Geister kehrten in die Erde, in die Luft, ins Feuer und ins Wasser zurück: kehrten in den Körper der Männer und Frauen zurück. Diese Rückkehr heißt Romantik. Empfindsamkeit und Leidenschaft sind die Namen der pluralischen Seele, die in den Felsen, den Wolken, den Flüssen und den Körpern wohnt. Der Kult der Empfindsamkeit und der Leidenschaft ist ein kontroverser Kult, in dem sich ein duales Thema entwickelt: die Verherrlichung der Natur ist sowohl eine moralische und politische Kritik der Zivilisation als auch die Bejahung einer Zeit vor der Geschichte. Leidenschaft und Empfindsamkeit repräsentieren das Natürliche: das Genuine gegenüber dem Künstlichen, das Einfache gegenüber dem Komplexen, die echte Originalität gegenüber der falschen Neuheit. Die Überlegenheit des Natürlichen beruht auf dessen Priorität: das erste Prinzip, die Grundlage der Gesellschaft, ist weder der Wandel noch die sukzessive Zeit der Geschichte, sondern eine frühere, sich selbst immer gleichbleibende Zeit. Die Degradierung dieser ursprünglichen Zeit der Empfindsamkeit und der Leidenschaft zu Geschichte, Fortschritt und Zivilisation begann, als, wie Rousseau sagt, zum ersten Mal ein Mensch ein Stück Land einzäunte und behauptete: »Das gehört mir« – und Dumme fand, die ihm glaubten. Das Privateigentum be-

liam Blake, mit einer Einführung von Robert Silliman Hillyer. Random House, New York 1941.

gründet die geschichtliche Gesellschaft. Bruch mit der Zeit vor den Zeiten: Beginn der Geschichte. Beginn der Geschichte der Ungleichheit.

Die Sehnsucht der Moderne nach einer ursprünglichen Zeit und einem mit der Natur versöhnten Menschen ist Ausdruck einer neuen Haltung. Obwohl wie bei den Heiden die Existenz eines Goldenen Zeitalters vor Beginn der Geschichte postuliert wird, wird dieses Zeitalter nicht in eine zyklische Sicht der Zeit einbezogen; die Rückkehr zur glückseligen Zeit wird nicht die Folge der Revolution der Gestirne sein, sondern der Revolution der Menschen. In Wirklichkeit kehrt die Vergangenheit nicht wieder: die Menschen erfinden sie in einem freien und willentlichen Akt und führen sie in die Geschichte ein. Die »revolutionäre« Vergangenheit ist eine Form, welche die Zukunft annimmt, sie ist ihre Maske. Das unpersönliche Fatum macht einem neuen Gedanken, einem direkten Erben des Christentums, Platz: der Freiheit. Die Frage, die Augustinus quälte – wie lassen sich menschliche Freiheit und göttliche Allmacht in Einklang bringen –, wird mit Beginn des 18. Jahrhunderts zu einem Problem, das den Revolutionär und den Evolutionisten gleichermaßen beschäftigt: Inwieweit determiniert uns die Geschichte und bis zu welchem Grade kann der Mensch ihrem Lauf eine andere Richtung geben? Zu dem Paradox der Verbindung von Notwendigkeit und Freiheit kommt ein anderes hinzu: die Erneuerung des ursprünglichen Pakts impliziert einen Akt außerordentlicher, wenngleich gerechter Gewalt, die Zerstörung der Gesellschaft, die auf der Ungleichheit der Menschen gründet. Diese Zerstörung ist gewissermaßen die Zerstörung der Geschichte, da die Ungleichheit mit ihr identifiziert wird; gleichwohl wird sie durch einen wesentlich geschichtlichen Akt realisiert: durch die Kritik, verwandelt in einen revolutionären Akt. Die Rückkehr zur Zeit des Anfangs, der Zeit vor dem Bruch, impliziert einen Bruch. Es bleibt einem nichts anderes übrig, als zu bejahen, so seltsam diese Affirmation erscheinen mag, daß nur die Moderne das Unternehmen der Rückkehr zum Uranfang durchzuführen vermag, weil nur sie sich selbst negieren kann.

Als Kritik der Kritik und ihrer Konstruktionen sucht sich die moderne Dichtung seit den Vorromantikern auf ein Prinzip zu gründen, das älter ist als die Moderne und einen Gegensatz zu ihr bildet. Dieses Prinzip, das sich dem Wandel und der Zeitfolge verschließt, ist der Anfang des Anfangs bei Rousseau, aber es ist auch der Adam bei William Blake, der Traum bei Jean Paul, die Analogie bei Novalis, die Kindheit bei Wordsworth, die Imagination bei Coleridge. Gleich welchen Namen es hat, dieses Prinzip ist die Negation der Moderne. Die moderne Dichtung bejaht, daß sie die Stimme eines Anfangs vor Beginn der Geschichte ist, die Offenbarung eines Urworts der Gründung. Dichtung ist die Ursprache der Gesellschaft – Leidenschaft und Empfindsamkeit –, und eben deshalb ist sie die wahre Sprache aller Enthüllungen und Revolutionen. Dieses Prinzip ist gesellschaftlich, revolutionär: Rückkehr zum Pakt des Anfangs, vor der Ungleichheit; aber dieses Prinzip ist auch individuell und betrifft jeden Mann und jede Frau: Wiedererlangung der ursprünglichen Unschuld. Ein doppelter Gegensatz – zur Moderne und zum Christentum –, der eine doppelte Bestätigung ist, sowohl der geschichtlichen Zeit der Moderne (Revolution) als auch der mythischen Zeit des Christentums (ursprüngliche Unschuld). Auf der einen Seite ist das Thema der Begründung einer anderen Gesellschaft ein revolutionäres Thema, das die Zeit des Anfangs in die Zukunft einführt; auf der anderen Seite ist das Thema der Wiederherstellung der ursprünglichen Unschuld ein religiöses Thema, das die christliche Zukunft in eine Vergangenheit vor dem Sündenfall einführt. Die Geschichte der modernen Dichtung ist die Geschichte der Schwankungen zwischen diesen beiden Extremen: die revolutionäre Versuchung und die religiöse Versuchung.

III
Die Kinder des Schlamms

Die Geschichte der modernen Dichtung ist – zumindest zur Hälfte – die Geschichte der Faszination, die die Gebäude der kritischen Vernunft auf die Dichter ausgeübt haben. Faszinieren bedeutet behexen, magnetisieren, bezaubern, aber auch täuschen. Besonders die deutschen Romantiker sind ein anschauliches Beispiel für dieses Hin und Her, bei dem auf die Anziehung fast zwangsläufig und unmittelbar die Abneigung folgt. Im allgemeinen betrachtet man sie als eine katholische und monarchistische Gruppe, die der Französischen Revolution feindlich gegenüberstand; man vergißt dabei, daß sie fast alle anfänglich Begeisterung und Sympathie für die revolutionäre Bewegung zeigten. Ihre Konversion zum Katholizismus und zum monarchischen Prinzip war die Folge sowohl der Ambiguität der Romantik, die immer zwischen den Extremen schwankte, als auch des geschichtlichen Dilemmas, mit dem sich diese Generation konfrontiert sah. Die Französische Revolution hatte zwei Gesichter: als revolutionäre Bewegung bot sie den Völkern Europas eine umfassende Vision vom Menschen und eine neue Konzeption der Gesellschaft und des Staates; als nationale Bewegung perpetuierte sie im Ausland den französischen Expansionsdrang und setzte im Innern die von Richelieu begonnene Politik der Zentralisierung fort. Die Kriege der Nachbarländer gegen das Konsulat und das Kaiserreich waren nationale Befreiungskriege, die zugleich der Verteidigung des monarchistischen Absolutismus dienten. Das Beispiel Spaniens erspart mir eine ausführliche Darlegung: Die spanischen Liberalen, die mit den Franzosen kollaborierten, waren ihren politischen Ideen treu, ihrem Vaterland aber untreu; die anderen mußten sich damit abfinden, daß die Sache der Unabhängigkeit Spaniens mit der des niederträchtigen Ferdinand VII. und der Kirche verquickt wurde.

Die Haltung Hölderlins ist ein gutes Beispiel dieser Ambivalenz. Man könnte einwenden, daß Hölderlin, strenggenommen, kein romantischer Dichter ist. Aber er ist es aus demselben Grunde nicht, aus dem auch Blake kein ganzer Romantiker ist: weniger deshalb, weil sie der Romantik im eigentlichen Sinne zeitlich etwas vorangehen, als vielmehr deshalb, weil beide über sie hinausgehen und bis in unsere Zeit hinein wirken. In den Tagen der 1. Koalition gegen die französische Republik schreibt der deutsche Dichter an seine Schwester: »Glaube mir, liebe Schwester, wir kriegen schlimme Zeit, wenn die Österreicher gewinnen. Der Mißbrauch fürstlicher Gewalt wird schröcklich werden. Glaube das mir! und bete für die Franzosen, die Verfechter der menschlichen Rechte« (19. Juni 1792). Etwas später, 1797, verfaßt er eine »Ode an Buonaparte« – an den Befreier Italiens, nicht an den General, der, wie er im Nachsatz eines Briefes an seine Mutter (16. Nov. 1799) mit Verachtung sagt, »eine Art von Diktator geworden ist«. Das Thema von *Hyperion* ist ein doppeltes: die Liebe zu Diotima und die Gründung einer Gemeinschaft freier Menschen. Beides ist nicht voneinander zu trennen. Der Verbindungspunkt zwischen der Liebe zu Diotima und der Liebe zur Freiheit ist die Dichtung. Hyperion kämpft nicht nur für die Freiheit Griechenlands, sondern auch für die Gründung einer freien Gesellschaft; der Aufbau dieser künftigen Gemeinschaft impliziert auch eine Rückkehr zur Dichtung. Das dichterische Wort ist Mittler zwischen dem Heiligen und den Menschen, und deshalb ist es die wahre Grundlage der Gemeinschaft. Dichtung und Geschichte, Sprache und

Gesellschaft, die Dichtung als Schnittpunkt der göttlichen Macht und der menschlichen Freiheit, der Dichter als Hüter des Worts, das uns vor dem ursprünglichen Chaos bewahrt: alle diese Gegensätze nehmen die zentralen Themen der modernen Dichtung vorweg.

Der Traum von einer egalitären und freien Gemeinschaft, dieses Erbe Rousseaus, taucht bei den deutschen Romantikern – verbunden, wie bei Hölderlin, mit der Liebe – wieder auf, er ist jetzt jedoch ungestümer und klarer. Alle diese Dichter betrachten die Liebe als gesellschaftliche Überschreitung und verherrlichen die Frau nicht nur als Objekt, sondern auch als erotisches Subjekt. Novalis spricht von einem dichterischen Kommunismus, von einer Gesellschaft, in der Dichtung nicht nur gemeinschaftlich rezipiert, sondern auch gemeinschaftlich hervorgebracht wird. »Man wird vielleicht einmal in *Masse* schreiben, denken und handeln. Ganze Gemeinden, selbst Nationen werden ein Werk unternehmen.« Friedrich Schlegel apologisiert die freie Liebe in seinem Roman *Lucinde* (1799), ein Buch, das uns heute harmlos erscheinen mag, doch für das Novalis sich den Untertitel wünschte »Zynische Phantasien oder Sataniken«. Dieser Ausspruch antizipiert eine der stärksten und persistentesten Strömungen der modernen Literatur: das Gefallen am Sakrileg und an der Blasphemie, die Vorliebe für das Sonderbare und Groteske, die Verbindung des Alltäglichen mit dem Übernatürlichen. Kurz: die Ironie, die große Erfindung der Romantik. Gerade die Ironie – im Verständnis Schlegels: Lust am Widerspruch, der wir sind, und Bewußtsein dieses Widerspruchs – definiert vortrefflich das Paradox der deutschen Romantik. Sie war die erste und kühnste aller dichterischen Revolutionen, die erste, die die untergründigen Mächte des Traums, das unbewußte Denken und die

Erotik erforscht; die erste auch, die aus der Sehnsucht nach der Vergangenheit eine Ästhetik und eine Politik macht.

Als sie noch Studenten in Cambridge sind, konzipieren Robert Southey und Samuel Taylor Coleridge den Gedanken der Pantisocracy: eine freie und egalitäre kommunistische Gesellschaft, die die »Unschuld des patriarchalischen Zeitalters« mit den »Verfeinerungen des modernen Europa« verbinden sollte.* Das revolutionäre Motiv des libertären Kommunismus wird solchermaßen mit dem religiösen Motiv der Wiederherstellung der ursprünglichen Unschuld verbunden. Die beiden jungen Dichter beschließen, sich nach Amerika einzuschiffen, um auf dem neuen Kontinent die pantisokratische Gesellschaft zu gründen, doch Coleridge nimmt davon Abstand, als er erfährt, daß Southey einen Diener mitnehmen will. Jahre später besucht der junge Shelley, begleitet von Harriet, seiner ebenfalls noch sehr jungen ersten Frau, Southey in seiner Abgeschiedenheit im Lake District. Der greise Dichter, Ex-Republikaner, findet, daß sein junger Bewunderer »genauso war, wie ich 1794 gewesen war«. Hingegen schreibt Shelley in einem Brief an seine Freundin Elisabeth Hitchener, der er von den Eindrücken seiner Reise berichtet: »Southey ist ein von der Gesellschaft korrumpierter und von den Ehrungen und Traditionen kontaminierter Mann« (7. Januar 1812).**

William Wordsworth besucht Frankreich zum ersten Mal 1790. Begeistert von der Sache der Republikaner reist er im Jahr darauf – er war erst 21 und hatte gerade

---

* R.J. White (Hrsg.), *Political Tracts of Wordsworth, Coleridge and Shelley*. Cambridge University Press, Cambridge 1953.
** F.L. Jones (Hrsg.), *The Letters of Percy Bysshe Shelley*. Oxford University Press, London 1964.

seine Studien in Cambridge beendet – erneut nach Frankreich und lebt fast zwei Jahre lang, zuerst in Paris und dann in Orléans, mit den Girondisten zusammen. Dieser Umstand, wie auch der Abscheu, den ihm der revolutionäre Terror einflößt, erklären seine Feindschaft gegenüber den Jakobinern, die er »die Sippschaft Molochs« nennt. Wie viele Schriftsteller des 20. Jahrhunderts angesichts der Russischen Revolution, schloß sich Wordsworth einer der politischen Parteien an, die miteinander um die Führung der Französischen Revolution wetteiferten, und zwar der besiegten Partei. In seiner großen autobiographischen Dichtung *The Prelude, or Growth of a Poet's Mind* (1805) (Das Vorspiel oder die geistige Entwicklung eines Dichters), die mit ihrem hyperbolischen Stil voller Majuskeln diesen großen Dichter auch zu einem der pompösesten seines Jahrhunderts macht, erzählt er uns, daß einer der glücklichsten Augenblicke seines Lebens der Tag war, da er in einem Küstenort, wo »alles, was er sah oder fühlte, Ruhe und Heiterkeit war«, einen soeben aus Frankreich kommenden Reisenden sagen hörte: »Robespierre ist tot.« Nicht minder groß ist seine Antipathie gegen Bonaparte, und in derselben Dichtung sagt er, er habe bei der Nachricht von Bonapartes Krönung durch den Papst das Gefühl gehabt, daß es »die größte Schmach« war, »so als sähe man einen Hund, der zu seinem Erbrochenen zurückkehrt ...«[*]

Angesichts der Desaster der Geschichte und der »Entwürdigung der Epoche« wendet sich Wordsworth der Kindheit und ihren Augenblicken der Transparenz zu: Die Zeit reißt auf, damit wir nicht nur die Wirklichkeit sehen, sondern auch durch sie hindurch. Und das, was

[*] Ernest de Selincourt (Hrsg.), *The Prelude, or Growth of a Poet's Mind*. Oxford University Press, Oxford 1970.

Wordsworth sieht, wie vielleicht niemand vor ihm und nach ihm, ist keine phantastische Welt, sondern die Wirklichkeit, so wie sie ist: der Baum, der Stein, der Bach, ein jedes in sich selbst, in seiner eigenen Wirklichkeit ruhend, in einer Art Unbeweglichkeit, die die Bewegung nicht negiert. Blöcke lebendiger Zeit, Räume, die unter dem geistigen Blick langsam fließen: Vision der »anderen Zeit« – einer Zeit, die eine andere ist als die der Geschichte mit ihren Königen und ihren Völkern in Waffen, ihren Revolutionskomitees und ihren grausamen Heilmethoden, ihren Guillotinen und ihren Galgen. Die Zeit der Kindheit ist die Zeit der Imagination, dieser Gabe, die Wordsworth die »Seele der Natur« nennt, um anzudeuten, daß sie eine übermenschliche Kraft ist. Die Imagination liegt nicht im Menschen, sondern sie ist der Geist des Ortes und des Augenblicks; sie ist nicht nur das Vermögen, dank dem wir die sichtbare und die verborgene Wirklichkeit sehen: sie ist auch das Mittel, dank dem die Natur, durch den Blick des Dichters, sich selbst sieht. Durch die Imagination spricht die Natur zu uns und spricht mit sich selbst.

Die Unbeständigkeit der politischen Leidenschaft Wordsworths könnte mit seinem Intimleben erklärt werden: Die Jahre seiner Begeisterung für die Revolution sind die Jahre seiner Liebe zu Annette (Anne Marie Vallon), einem französischen Mädchen, das er in eben dem Augenblick verläßt, als sich seine politischen Ansichten zu ändern beginnen; die Jahre seiner wachsenden Feindschaft gegen die revolutionären Bewegungen koinzidieren mit denen seiner Entscheidung, sich von der Gesellschaft zurückzuziehen und, zusammen mit seiner Frau und seiner Schwester Dorothy, auf dem Lande zu leben. Diese billige Erklärung setzt nicht Wordsworth herab, sondern uns. Eine andere Deutung, intellektueller und geschichtlicher Art: seine politische Affinität zu den Girondisten; seine natürliche Abneigung gegen den methodischen Geist der Jakobiner; seine moralischen und philosophischen Überzeugungen, die ihn dazu führen, die protestantische Zurückweisung des päpstlichen Universalismus auf den revolutionären Universalismus auszudehnen; seine Reaktion, als Engländer, auf die Invasionsversuche Napoleons. Diese Erklärung, die die Antipathie des Liberalen gegen den revolutionären Despotismus mit der des Patrioten gegen die Hegemoniebestrebungen einer ausländischen Macht verbindet, könnte auch auf die deutschen Romantiker zutreffen, wenngleich mit einigen Vorbehalten.

Betrachtet man den Konflikt zwischen den Frühromantikern und der Französischen Revolution als eine Episode des Kampfes zwischen Autoritarismus und Freiheit, so wäre das nicht ganz falsch, aber auch nicht ganz richtig. Nein, die Erklärung ist eine andere. Das Phänomen zeigt sich wiederholt auch in anderen geschichtlichen Umständen, zuerst im Laufe des 19. Jahrhunderts und dann, mit größerer Deutlichkeit, in unserem Jahrhundert. Ich erinnere an die Fälle Jessenin, Majakowski, Mandelstam, Pasternak und an viele andere russische Schriftsteller, Dichter und Künstler; an die heftigen Kontroversen der Surrealisten mit der Dritten Internationale; an die Verbitterung César Vallejos, der zwischen seiner Treue zur Dichtung und seiner Treue zur Kommunistischen Partei hin und her gerissen war; an die Querelen um den »sozialistischen Realismus« und an all das, was danach kam. Die moderne Dichtung war und ist eine revolutionäre Leidenschaft, aber diese Leidenschaft war unglücklich. Affinität und Bruch: nicht die Philosophen, sondern die Revolutionäre waren es, die die Dichter aus ihrer Republik vertrieben. Die Ursache des

Bruchs war dieselbe wie die der Affinität: Revolution und Dichtung sind Versuche, die heutige Zeit, die Zeit der Geschichte als einer Geschichte der Ungleichheit, zu zerstören, um eine *andere Zeit* zu instaurieren. Aber die Zeit der Dichter ist nicht die der Revolution, die mit Daten versehene Zeit der kritischen Vernunft, die Zukunft der Utopien: sie ist die Zeit vor der Zeit, die des »früheren Lebens«, die wiederkehrt im Blick des Kindes, die datenlose Zeit.

Die Ambiguität der Dichtung gegenüber der kritischen Vernunft und ihren geschichtlichen Verkörperungen, den revolutionären Bewegungen, ist eine Seite der Medaille; die andere ist die ihrer Ambiguität – wiederum Affinität und Bruch – gegenüber der Religion des Okzidents, dem Christentum. Fast alle großen Romantiker, Erben Rousseaus und des Deismus des 18. Jahrhunderts, waren religiöse Geister, doch was für eine Religion hatten Hölderlin, Blake, Coleridge, Hugo, Nerval wirklich? Dieselbe Frage könnte man jenen stellen, die sich offen für irreligiös erklärten. Shelleys Atheismus ist eine religiöse Leidenschaft. 1810 sagt er in einem Brief an seinen Intimus Thomas Hogg: »Oh, voller Ungeduld warte ich auf den Tod des Christentums ... Ich glaube, es ist eine humanitäre Pflicht, diesem Glauben ein Ende zu machen. Wäre ich der Antichrist und hätte ich die Macht, diesen Dämon zu vernichten und in die Hölle zu stürzen, aus der er kommt ...«[*] Eine recht merkwürdige Sprache für einen Atheisten; sie antizipiert jene des späten Nietzsche.

Negation der Religion: Leidenschaft für die Religion. Jeder Dichter erfindet seine eigene Mythologie, und jede

[*] F. L. Jones (Hrsg.), op. cit.

dieser Mythologien ist eine Mischung aus verschiedenen Glaubensanschauungen, alten Mythen und persönlichen Obsessionen. Der Christus Hölderlins ist ein Sonnengott, und in dem enigmatischen Gedicht mit dem Titel *Der Einzige* wird Jesus der Bruder des Herakles und »Bruder auch des Eviers, der/ An den Wagen spannte/ Die Tyger und hinab/ Bis an den Indus/ Gebietend freudigen Dienst/ Den Weinberg stiftet' . . .,« des Dionysos. Bei Novalis ist die Jungfrau die Mutter Christi und die vorchristliche Nacht, seine Braut Sophie und der Tod. Nervals Aurélia ist Isis, Pandora und die Schauspielerin Jenny Colon. Romantische Religionen: Häresien, Synkretismen, Apostasien, Blasphemien, Konversionen. Die romantische Ambiguität hat zwei Tonarten, in der musikalischen Bedeutung des Worts: die eine heißt Ironie, sie führt in die Objektivität die Negation der Subjektivität ein; die andere heißt Angst, sie läßt in die Fülle des Seins einen Tropfen Nichts fallen. Die Ironie enthüllt die Dualität dessen, was eins zu sein schien, die Spaltung des sich selbst Gleichen, die andere Seite der Vernunft: den Bankrott des Identitätsprinzips. Die Angst zeigt uns, daß das Dasein leer ist, daß Leben Tod ist, daß der Himmel eine Ödnis ist: den Bankrott der Religion.
Das Thema des Todes Gottes ist ein romantisches Thema. Es ist kein philosophisches Thema, sondern ein religiöses. Für die Vernunft existiert Gott oder er existiert nicht. Im ersten Fall kann er nicht sterben, und im zweiten: wie kann jemand sterben, der nie existiert hat? Diese Argumentation gilt nur aus der Sicht des Monotheismus und der geschichtlich ablaufenden, irreversiblen Zeit des Okzidents. Das Altertum wußte, daß die Götter sterblich sind, doch daß sie als Manifestationen der zyklischen Zeit wiederauferstehen und zurückkehren. Nachts hören die Seeleute an den Küsten des Mittelmeers eine

Stimme, die sagt: »Der große Pan ist tot«, und diese Stimme, die den Tod Gottes verkündet, verkündet auch dessen Auferstehung. Die Nahua-Legende erzählt uns, daß Quetzalcóatl Tula verläßt, sich opfert und sich in den doppelten Planeten (Morgenstern und Abendstern) verwandelt, doch daß er eines Tages zurückkehren muß, um sein eigenes Erbe anzutreten. Christus dagegen kam nur einmal auf die Erde. Jede Begebenheit in der biblischen Geschichte der Christen ist einmalig und wird sich nicht wiederholen. Wenn jemand sagt: »Gott ist tot«, verkündet er ein unwiederholbares Geschehnis: Gott ist tot für immer und ewig. In der Konzeption der Zeit als einer irreversiblen linearen Abfolge wird der Tod Gottes undenkbar.

Der Tod Gottes öffnet der Kontingenz und dem Widersinn Tür und Tor. Die Antwort ist eine zweifache: die Ironie, der Humor, das intellektuelle Paradoxon; aber auch die Angst, das poetische Paradoxon, das Bild. Beide Haltungen finden sich bei allen Romantikern: ihre Vorliebe für das Groteske, das Schreckliche, das Seltsame, das irreguläre Erhabene, die Ästhetik der Kontraste, die Verbindung von Lachen und Weinen, Prosa und Poesie, Unglaube und Fideismus, die jähen Wechsel, die Kapriolen, kurz all das, was aus jedem romantischen Dichter einen Ikarus, einen Satan und einen Clown macht, ist nur eine Antwort auf das Absurde: Angst und Ironie. Obgleich der Ursprung all dieser Haltungen religiös ist, handelt es sich um eine singuläre, widersprüchliche Religiosität, denn sie besteht in dem Bewußtsein, daß die Religion hohl ist. Die romantische Religiosität ist Irreligion: Ironie; die romantische Irreligion ist religiös: Angst.

Das Thema des Todes Gottes in diesem religiösen/irreligiösen Sinne taucht zum ersten Mal, glaube ich, bei Jean

Paul auf. In diesem großen Vorläufer vereinigen sich alle Richtungen und Strömungen, die sich später in der Poesie und im Roman des 19. und 20. Jahrhunderts entfalten sollen; das Traumhafte, der Humor, die Angst, die Vermischung der Gattungen, die phantastische Literatur, verbunden mit dem Realismus, und dieser seinerseits mit der philosophischen Spekulation. Der berühmte *Traum* von Jean Paul ist der Traum vom Tode Gottes, und sein vollständiger Titel lautet: *Rede des todten Christus vom Weltgebäude herab, daß kein Gott sei.* Es gibt eine weitere Version, in der es bezeichnenderweise nicht Christus, sondern Shakespeare ist, der die Nachricht verkündet.* Für die Romantiker war Shakespeare der Dichter schlechthin, so wie es Vergil für das Mittelalter war; indem Jean Paul dem englischen Dichter die schreckliche Nachricht in den Mund legt, sagt er damit etwas, das später alle Romantiker sagen werden: die Dichter sind Seher und Propheten, durch ihren Mund spricht der Geist. Der Dichter verdrängt den Priester, und die Dichtung wird zur Offenbarung, die mit den religiösen Schriften rivalisiert.

Die endgültige Fassung von *Traum* akzentuiert den tief religiösen Charakter dieses Haupttextes und zugleich seinen ganz und gar blasphemischen Charakter: weder ein Philosoph noch ein Dichter, sondern Christus selbst, der Sohn Gottes, ist es, der da sagt, daß es keinen Gott gibt. Der Ort der Verkündung ist die Kapelle eines riesigen Friedhofs. Vielleicht ist es Mitternacht, aber wie das genau wissen? Das Zifferblatt hatte weder Zahlen noch Zeiger, »nur ein schwarzer Finger zeigte darauf, und die Toten wollten die *Zeit* darauf sehen«. Während der Klage der Toten steigt Christus herab und sagt: »Ich ging

---

* Die erste Fassung datiert von 1789, die endgültige, enthalten im Roman *Siebenkäs*, ist von 1796.

durch die Welten, ich stieg in die Sonnen und flog mit den Milchstraßen durch die Wüsten des Himmels; aber es ist kein Gott. Ich stieg herab, so weit das Sein seine Schatten wirft, und schauete in den Abgrund und rief: ›Vater, wo bist du?‹ aber ich hörte nur den ewigen Sturm, den niemand regiert, und der schimmernde Regenbogen aus Wesen stand ohne eine Sonne, die ihn schuf, über dem Abgrunde und tropfte hinunter ..., und die Ewigkeit lag auf dem Chaos und zernagte es und wiederkäuete sich.« Die gestorbenen Kinder warfen sich vor Christus nieder und fragten: »›Jesus! haben wir keinen Vater?‹ – Und er antwortete mit strömenden Tränen: ›Wir sind alle Waisen‹.«

Zwei Themen verflechten sich im *Traum*: das des Todes des christlichen Gottes, Allvaters und Schöpfers der Welt; und das der Nichtexistenz eines göttlichen oder natürlichen Gesetzes, das die Bewegung der Welten regiert. Das zweite Thema steht in offenem Widerspruch zu den Ideen, welche die neue Philosophie bei den gebildeten Menschen jener Epoche propagiert hatte. Die Philosophen der Aufklärung hatten das Christentum und seinen Mensch gewordenen Gott heftig attackiert, aber sowohl die Deisten als auch die Materialisten postulierten die Existenz einer Weltordnung. Das 18. Jahrhundert, mit wenigen Ausnahmen wie der Humes, glaubte an einen Kosmos, der von Gesetzen regiert wird, die sich von jenen des Verstandes nicht wesentlich unterscheiden. Ob göttlich oder natürlich, eine vernunftbestimmte Notwendigkeit bewegte die Welt, und das Universum war ein rationaler Mechanismus. Jean Pauls Vision zeigt uns genau das Gegenteil: Unordnung, Zusammenhanglosigkeit. Das Universum ist kein Mechanismus, sondern eine formlose Unermeßlichkeit, von Regungen geschüttelt, die durchaus solche der Leidenschaft sind:

dieser Regen, der von Anbeginn an endlos über dem Abgrund niedergeht, und dieser ewige Sturm über der Landschaft der Konvulsion sind das Bild der Kontingenz selbst.

Universum ohne Gesetze, dahintreibende Welt, groteske Vision des Kosmos: die Ewigkeit liegt auf dem Chaos, und indem sie dieses verschlingt, verzehrt sie sich selbst. Wir stehen hier vor der »gefallenen Natur« der Christen, aber die Beziehung zwischen Gott und der Welt hat sich verkehrt: nicht die Welt ist es, die, aus Gottes Hand gefallen, dem Nichts anheimfällt, sondern es ist Gott, der in die Grube des Todes fällt. Eine ungeheure Blasphemie: Ironie und Angst. Die Philosophie hatte eine Welt konzipiert, die nicht von einem Schöpfer, sondern von einer vernünftigen Ordnung regiert wird; für Jean Paul und seine Nachkommen ist die Kontingenz eine Folge des Todes Gottes: das Universum ist ein Chaos, weil es keinen Schöpfer hat. Der Atheismus Jean Pauls ist religiös und steht dem Atheismus der Philosophen entgegen: das Bild der Welt als ein Mechanismus wird ersetzt durch das einer konvulsiven Welt, die im Sterben liegt, aber nicht stirbt. Die universale Kontingenz heißt im existentiellen Bereich Verwaisung. Und die erste Waise, die Große Waise, ist kein anderer als Christus. Der *Traum* von Jean Paul skandalisiert den Philosophen ebenso wie den Priester, den Atheisten ebenso wie den Gläubigen.

Der *Traum* Jean Pauls sollte von vielen Dichtern, Philosophen und Romanciers des 19. und 20. Jahrhunderts geträumt, gedacht und erlitten werden: Nietzsche, Dostojewski, Mallarmé, Joyce, Valéry ... In Frankreich wurde er bekannt durch das berühmte Buch Madame de Staëls: *De l' Allemagne* (1810). Ein Gedicht Nervals, bestehend aus fünf Sonetten mit dem Titel *Le Christ aux*

Oliviers, ist eine Adaption des *Traums*.* Jean Pauls Text ist schroff und überspitzt; Nervals Sonette entwickeln dieselben Themen gleich einem feierlichen Notturno. Der französische Dichter hat das konfessionelle und psychologische Element ausgespart; das Gedicht ist nicht die Erzählung eines Traums, sondern eines Mythos: es ist nicht der Alptraum eines Dichters in einer Friedhofskapelle, sondern der Monolog Christi angesichts seiner eingeschlafenen Jünger. Im ersten Sonett findet sich eine trotzige Zeile (»Le dieu manque à l' autel où je suis la victime«), die ein Thema einleitet, das es bei Jean Paul nicht gibt und das die folgenden Sonette fortführen, bis es im letzten Vers des letzten Sonetts seinen Höhepunkt erreicht. Es ist das Thema der ewigen Wiederkehr, das später bei Nietzsche, verbunden mit dem des Todes Gottes, mit unvergleichlicher Strahlkraft wiederauftaucht.

In Nervals Gedicht macht das Opfer Christi in dieser Welt ohne Gott ihn selbst zu einem neuen Gott. Ein neuer und ein anderer: es ist eine Gottheit, die zu dem christlichen Gott kaum eine Beziehung hat. Der Christus Nervals ist ein Ikarus, ein Phaëton, ein schöner, verwundeter Attis, den Kybele wiederbelebt. Die Erde berauscht sich mit diesem köstlichen Blut, der Olymp stürzt sich in den Abgrund, und Cäsar fragt das Orakel von Jupiter Ammon: Wer ist dieser neue Gott? Das Orakel schweigt, denn der einzige, der der Welt dieses Geheimnis erklären kann, ist »Celui qui donna l'âme aux enfants du limon«. Ein unlösbares Geheimnis, denn derjenige, der den Adam aus Schlamm beseelt, ist der Vater, der Schöpfer: eben dieser Gott, der am Altar, wo Christus das Opfer ist, fehlt. Eineinhalb Jahrhunderte später

* Gérard de Nerval, *Oeuvres*. Herausgegeben von Albert Beguin und Jean-Paul Richier. Bibliothèque de la Pléiade, Gallimard, Paris 1952. – Nervals Sonette wurden erstmals 1844 veröffentlicht.

steht Fernando Pessoa vor demselben Rätsel, und er löst es mit Worten, die denen Nervals ähneln: Es gibt keinen Gott, sondern Götter, und die Zeit ist kreisförmig: »Mensch eines größ'ren Gottes und nicht mehr,/ ist Gott, der höchste Adam, auch gefallen;/ so wie er unser Schöpfer war, ward er/ erschaffen …«*

Das dichterische Bewußtsein des Okzidents hat den Tod Gottes erlebt, als wäre er ein Mythos. Und tatsächlich war dieser Tod ein Mythos und keine bloße Episode in der Geschichte der religiösen Ideen unserer Gesellschaft. Das Thema der allgemeinen Verwaisung, so wie es die Gestalt Christi, die große Waise und der ältere Bruder aller Waisenkinder, die die Menschen sind, verkörpert, drückt eine psychische Erfahrung aus, die an die via negationis der Mystiker erinnert: diese »dunkle Nacht« des Juan de la Cruz, in der wir uns dahintreiben fühlen, einsam in einer feindlichen oder gleichgültigen Welt, schuldig ohne Schuld und unschuldig ohne Unschuld. Indes gibt es einen wesentlichen Unterschied: es ist eine Nacht ohne Ende, ein Christentum ohne Gott. Zugleich weckt der Tod Gottes in der dichterischen Imagination die mythische Erfindungskraft, und so wird eine seltsame Kosmogonie erschaffen, in der jeder Gott das Geschöpf, der Adam, eines anderen Gottes ist. Rückkehr der zyklischen Zeit, Verwandlung eines christlichen Themas in einen heidnischen Mythos. Ein unvollkommenes Heidentum, ein christliches Heidentum, gefärbt von der Angst durch den Fall in die Kontingenz.

Diese beiden Erfahrungen – Christentum ohne Gott, christliches Heidentum – sind für die Poesie und die Literatur des Okzidents seit der Romantik konstitutiv. In dem einen wie in dem anderen Fall haben wir es mit einer

---

* »Auf das Grab von Christian Rosenkreuz« (Übersetzung von Georg Rudolf Lind).

doppelten Überschreitung zu tun: der Tod Gottes verwandelt den Atheismus der Philosophen in eine religiöse Erfahrung und in einen Mythos; ihrerseits negiert diese Erfahrung eben das, was sie bejaht: der Mythos ist hohl, im einsamen Bewußtsein des Dichters ist er ein Spiel von Spiegelungen; es gibt in Wirklichkeit niemand am Altar, nicht einmal dieses Opfer, das Christus ist. Angst und Ironie: gegenüber der künftigen Zeit der kritischen Vernunft und der Revolution bejaht die Dichtung die datenlose Zeit der Empfindsamkeit und der Imagination, die ursprüngliche Zeit; gegenüber der christlichen Ewigkeit bejaht sie den Tod Gottes, den Fall in die Kontingenz und die Pluralität von Göttern und Mythen. Aber jede dieser Negationen richtet sich gegen sich selbst: die datenlose Zeit der Imagination ist keine revolutionäre, sondern eine mythische Zeit; der Tod Gottes ist ein hohler Mythos. Die romantische Dichtung ist revolutionär nicht *mit*, sondern *gegenüber* den Revolutionen des Jahrhunderts; und ihre Religiosität ist eine Überschreitung der Religionen.

Für das Mittelalter war die Dichtung eine Dienerin der Religion; für die Epoche der Romantik ist die Dichtung ihre Rivalin, und mehr noch, sie ist die wahre Religion, das Prinzip, das allen heiligen Schriften voraufgeht. Rousseau und Herder hatten gezeigt, daß die Sprache nicht den materiellen Bedürfnissen des Menschen entspringt und entspricht, sondern der Passion und der Imagination: nicht der Hunger hat uns zum Sprechen gebracht, sondern die Liebe, die Angst oder das Erstaunen. Das metaphorische Prinzip ist die Grundlage der Sprache, und die ersten Glaubensanschauungen der Menschheit sind von Dichtung nicht zu unterscheiden. Gleich, ob es sich um Zauberformeln, Litaneien, Gebete oder Mythen handelt, haben wir es mit verbalen Gegenständen zu tun, ähnlich denen, die später Gedichte genannt werden sollten. Ohne die dichterische Imagination gäbe es weder Mythen noch heilige Schriften; und von Anfang an konfisziert die Religion die Produkte der dichterischen Imagination für ihre Zwecke. Der Zauber, den die Mythen auf uns ausüben, beruht nicht auf dem religiösen Charakter dieser Texte – diese Glaubensanschauungen sind nicht die unseren –, sondern darauf, daß in ihnen allen die dichterische Gestaltungskraft die Welt und die Wirklichkeit transfiguriert. Es ist eine der wesentlichen Funktionen der Dichtung, uns die andere Seite der Dinge, das Wunderbare des Alltäglichen zu zeigen: nicht die Unwirklichkeit, sondern die wunderbare Wirklichkeit der Welt. Doch die Religion und ihre Bürokratien von Priestern und Theologen bemächtigen sich all dieser Visionen, wandeln die Vorstellungen in Glaubensanschauungen um und die Glaubensanschauungen in Systeme. Selbst dann noch gibt der Dichter den religiösen Ideen sinnlich wahrnehmbare Gestalt, er verwandelt sie in Bilder und beseelt sie: Die Kosmogonien und die Genealogien sind Dichtungen, die heiligen Schriften sind von Dichtern geschrieben worden. Der Dichter ist der Geograph und der Geschichtsschreiber des Himmels und der Hölle: Dante beschreibt die Geographie und die Bevölkerung der anderen Welt, Milton erzählt uns die wahre Geschichte des Sündenfalls.

Die Kritik, die der Religion von der Philosophie des 18. Jahrhunderts gemacht wurde, hat das Christentum als Grundlage der Gesellschaft zerschlagen. Die Auflösung der Ewigkeit in geschichtliche Zeit machte es möglich, daß die Dichtung, in einer Art Rückkehr zu sich selbst und dank eben ihrer Funktion, die von der mythischen

Funktion nicht zu unterscheiden ist, als die wahre Grundlage der Gesellschaft betrachtet wurde. Die Dichtung war die wahre Religion und das wahre Wissen. Die heiligen Bücher des Judentums, des Christentums und des Islam waren von den Philosophen als Kompendien von Lügen und Phantasien denunziert worden; trotzdem wurde von allen, selbst von den Materialisten, anerkannt, daß diese Geschichten eine dichterische Wahrheit besitzen. In ihren Bemühungen, eine Grundlage vor Entstehung der Offenbarungs- und Naturreligionen zu finden, hatten die Dichter in den Philosophen oftmals Verbündete. Der Einfluß Kants wirkte sich entscheidend auf die zweite Phase von Coleridges Denken aus. Der deutsche Philosoph hatte gezeigt, daß die »transzendentale Einbildungskraft« die Fähigkeit ist, dank der sich der Mensch einen Bereich erschließt, ein geistiges Jenseits, wo sich die Gegenstände befinden. Durch die Einbildungskraft stellt der Mensch den Gegenstand sich gegenüber; deshalb ist diese Fähigkeit die Bedingung der Erkenntnis: ohne sie würde es weder Wahrnehmung noch Urteil geben. Die transzendentale Einbildungskraft ist, wie Heidegger sagt, der Grund allen Empfindens und Verstehens. Kant hatte gesagt: »Wir haben ... eine reine Einbildungskraft, als ein Grundvermögen der menschlichen Seele, das aller Erkenntnis a priori zum Grunde liegt. Vermittels deren bringen wir das Mannigfaltige der Anschauung und der Zeit einerseits und mit der Bedingung der notwendigen Einheit der reinen Apperzeption andererseits in Verbindung.«
Darüberhinaus transfiguriert die Einbildungskraft den sinnlich wahrnehmbaren Gegenstand. Coleridge sagt, und darin ist er Schelling näher als Kant, daß die Imagination nicht nur die Bedingung des Erkennens ist, sondern daß sie auch die Fähigkeit ist, welche die Ideen in

Symbole und die Symbole in Gegenwärtiges verwandelt. Die Imagination »is a form of Being«*. Für Coleridge gibt es im Grunde keinen Unterschied zwischen dichterischer Imagination und religiöser Offenbarung, außer daß letztere geschichtlich und wechselhaft ist, wohingegen die Dichter (als Dichter und gleich welche Glaubensanschauungen sie gehabt haben) nicht »the slaves of any sectarian opinion« sind. Coleridge hat auch gesagt, die Religion »is the poetry of Mankind«; Jahre vorher hatte Novalis, fast noch ein Jüngling, geschrieben: »Religion ist ... praktische Poesie.« Und in einem anderen Fragment: »Poesie ist die ursprüngliche Religion der Menschheit.« Es ließen sich noch mehr Zitate anführen, die alle das gleiche bezeugen: Die romantischen Dichter waren die ersten, die sowohl gegenüber der offiziellen Religion als auch gegenüber der Philosophie die geschichtliche und geistige Priorität der Dichtung affirmierten. Für sie ist das dichterische Wort das Wort der Gründung. Diese kühne Affirmation ist der Grund für die Heterodoxie der modernen Dichtung sowohl in bezug auf die Religionen als auch auf die Ideologien.

William Blake faßt die Widersprüche der ersten romantischen Generation zusammen. Er faßt sie zusammen und bringt sie zum Bersten: eine Explosion, die über die Romantik hinausgeht. War er ein echter Romantiker? Der Naturkult, einer der Wesenszüge der romantischen Dichtung, ist in seinem Werk nicht zu finden. Er glaubte, daß die Welt der Imagination die Welt der Ewigkeit ist, während die Welt der Zeugung endlich und zeitlich ist. Diese Idee bringt ihn in die Nähe der Gnostiker und Illuminaten, aber seine Liebe zum Körper, seine Verherrlichung des erotischen Verlangens und der Lust – »Wer

---

* »Poetry and Religion« in I.A. Richards, *The Portable Coleridge*. The Viking Press, New York 1950.

begehrt, aber nicht handelt, brütet Pestilenz« – bringen ihn zur neuplatonischen Tradition in Gegensatz. Auch wenn er sich »Anbeter Christi« nannte, war er ein Christ? Sein Christus ist nicht der der Christen: er ist ein nackter Titan, der im strahlenden Meer der erotischen Energie badet. Ein Demiurg, für den Imaginieren und Vollbringen, Verlangen und Befriedigung des Verlangens ein und dasselbe sind. Sein Christus gemahnt eher an den Satan von *The Marriage of Heaven and Hell* (1790-1793); sein Körper ähnelt einer gigantischen, von Blitzen erhellten Wolke: die flammende Schrift der Sprichwörter der Hölle.

In den ersten Jahren der Französischen Revolution ging Blake mit der blutroten phrygischen Mütze durch die Straßen Londons. Später erkaltete sein politischer Enthusiasmus, doch nicht die Glut seiner freien – libertären und befreienden – Imagination: »Alle Bibeln oder heiligen Gesetzbücher sind die Ursache folgender Irrtümer gewesen: 1. Daß der Mensch zwei wirklich existierende Prinzipien hat, nämlich einen Leib und eine Seele. 2. Daß Energie, das Böse genannt, allein vom Leib herrührt, und daß Vernunft, das Gute genannt, allein von der Seele herrührt. 3. Daß Gott den Menschen in Ewigkeit dafür quälen wird, daß er seinen Energien folgt. Sondern im Gegenteil ist folgendes wahr: 1. Der Mensch hat keinen von seiner Seele geschiedenen Leib ... 2. Energie ist das einzige Leben und stammt vom Leib; und Vernunft ist die Grenze oder der äußere Umfang der Energie. 3. Energie ist Ewiges Entzücken.«*

Die Violenz dieser antichristlichen Sentenzen gemahnt an Rimbaud und an Nietzsche. Nicht weniger heftig at-

---

* »The Voice of the Devil«, *The Marriage of Heaven and Hell* in *The Complete Poetry of William Blake*. Random House, New York 1941.

tackiert Blake den rationalistischen Deismus der Philosophen. Voltaire und Rousseau sind wiederholt Opfer seines Zorns, und in seinen prophetischen Gedichten erscheinen Newton und Locke als Werkzeuge Urizens, des unheilvollen Demiurgen. Urizen (»Your Reason«) ist der Herr der Systeme, der Erfinder der Moral, die mit ihren Syllogismen die Menschen einkerkert, die einen von den anderen trennt und jeden von sich selbst. Urizen: die Vernunft ohne Körper und Flügel, der große Kerkermeister. Blake denunziert nicht nur den Aberglauben der Philosophen und die Idolatrie der Vernunft; im Jahrhundert der ersten Industrierevolution und in einem Lande, das die Wiege dieser Revolution war, prophezeit er auch die Gefahren des Fortschrittskultes. In diesen Jahren verändert sich die idyllische Landschaft Englands, Täler und Hügel bedecken sich mit einer Vegetation aus Eisen, Kohle, Staub und Abfällen der Industrie. Blake nennt die Webstühle, Bergwerke, Schmieden und Eisenhütten »satanische Fabriken« und die Arbeit der Arbeiter »ewigen Tod«. Blake: unser Zeitgenosse.

Eliot beklagte, daß Blakes Mythologie unverdaulich und synkretistisch sei, eine Privatreligion, die aus Bruchstücken von Mythen und wunderlichen Glaubensanschauungen bestehe. Derselbe Vorwurf könnte den meisten modernen Dichtern gemacht werden, von Hölderlin und Nerval bis Yeats und Rilke. Angesichts der fortschreitenden Auflösung der christlichen Mythologie blieb den Dichtern – den Dichter von *The Waste Land* nicht ausgenommen – nichts anderes übrig, als mehr oder weniger persönliche Mythen zu erfinden, die sich aus Fragmenten von Philosophien und Religionen zusammensetzen. Trotz dieser schwindelerregenden Mannigfaltigkeit dichterischer Systeme – oder besser: im Zentrum dieser Vielfalt selbst – ist ein gemeinsamer Glaube auszumachen. Dieser Glaube ist die wahre Religion der modernen Dichtung von der Romantik bis zum Surrealismus, und er findet sich in allen Gedichten, zuweilen implizite, zuweilen, bei den meisten, explizite. Ich meine die *Analogie*. Der Glaube an die Entsprechung zwischen allen Wesen und allen Welten ist älter als das Christentum, er durchzieht das Mittelalter und reicht über die Neuplatoniker, die Illuminaten und die Okkultisten bis hinein ins 19. Jahrhundert. Seitdem hat er nicht aufgehört, insgeheim oder ganz offen, die Dichter des Okzidents zu befruchten, von Goethe bis zum visionären Balzac, von Baudelaire und Mallarmé bis zu Yeats und den Surrealisten.

Die Analogie hat den Paganismus überlebt, und wahrscheinlich wird sie auch das Christentum und seinen Feind, den Wissenschaftsglauben, überleben. In der Geschichte der modernen Dichtung besaß sie eine doppelte Funktion: einerseits war sie das Prinzip, das allen Prinzipien voraufgeht und das sich von der Vernunft der Philosophien und der Offenbarung der Religionen unterscheidet; andererseits brachte sie dieses Prinzip mit der Dichtung selbst in Übereinstimmung. Die Dichtung ist eine der Manifestationen der Analogie; Reime und Alliterationen, Metaphern und Metonymien sind lediglich Verfahrensweisen des analogischen Denkens. Das Gedicht ist eine spiralförmige Sequenz, die unaufhörlich zu ihrem Anfang zurückkehrt, ohne je ganz zu ihm zurückzukehren. Wenn die Analogie aus der Welt ein Gedicht macht, einen Text, der aus Gegensätzen besteht, die sich in Harmonie auflösen, so macht sie auch aus dem Gedicht ein Doppel der Welt. Daraus folgt zweierlei: Wir können die Welt *lesen*, wir können das Gedicht *leben*. Im ersten Fall ist Dichtung Erkenntnis; im zweiten ist sie Tat. So oder so grenzt sie an die Philosophie und an die

Religion – doch nur, um diesen zu widersprechen. Das dichterische Bild konfiguriert eine Wirklichkeit, die mit der Vision des Revolutionärs und der des Mönchs rivalisiert. Die Dichtung ist die *andere* Kohärenz, die nicht aus Rede und Gegenrede, sondern aus Rhythmen besteht. Gleichwohl gibt es einen Moment, in dem der Einklang zerbricht; es gibt eine Dissonanz, die im Gedicht Ironie und im Leben Sterblichkeit heißt. Die moderne Dichtung ist das Bewußtsein dieser Dissonanz *innerhalb* der Analogie.

Die poetischen Mythologien – die der christlichen Dichter nicht ausgenommen – altern und werden zu Staub wie die Religionen und Philosophien. Was bleibt, ist die Dichtung, und deshalb lesen wir die Veden und die Bibeln nicht nur als religiöse Schriften, sondern auch als dichterische Texte: »Der Poetische Geist ist der wahre Mensch. Die Religionen aller Völker leiten sich ab von der bei jedem Volk verschiedenen Aufnahme des Poetischen Geistes.« (Blake: »All religions are one«, 1788) Obgleich die Religionen geschichtlich und vergänglich sind, gibt es in ihnen allen einen nicht-religiösen Keim, der fortdauert: die dichterische Imagination. Hume hätte angesichts dieser seltsamen Idee gelächelt. Wem soll man glauben: Hume und seiner Kritik der Religion oder Blake und seiner Verherrlichung der Imagination? Die Geschichte der modernen Dichtung ist die Geschichte der Antwort, die jeder Dichter auf diese Frage gegeben hat. Für alle Gründer – Wordsworth, Coleridge, Hölderlin, Jean Paul, Novalis, Hugo, Nerval – ist die Dichtung das Wort der datenlosen Zeit. Wort des Anfangs: Wort der Gründung. Aber auch Wort der Auflösung: Zerbrechen der Analogie durch die Ironie, durch das Bewußtsein der Geschichte, das das Bewußtsein des Todes ist.

IV
Analogie und Ironie

Die Romantik war eine literarische Bewegung, aber auch eine Moral, eine Erotik und eine Politik. War sie keine Religion, so war sie doch mehr als eine Ästhetik und eine Philosophie: eine Art zu denken, zu fühlen, zu lieben, zu kämpfen, zu reisen. Eine Art zu leben und eine Art zu sterben. Friedrich Schlegel sagte in einer seiner programmatischen Schriften, die Romantik strebe nicht nur nach der Auflösung und der Vermischung der literarischen Gattungen und der Ideen vom Schönen, sondern sie suche auch durch die widersprüchliche, aber konvergente Wirkung von Imagination und Ironie die Verschmelzung von Leben und Poesie. Mehr noch: die Sozialisation der Poesie. Das romantische Denken entfaltet sich in zwei Richtungen, die schließlich verschmelzen: die Suche nach dem alten Prinzip, das die Poesie zur Grundlage der Sprache und somit der Gesellschaft macht, und die Verbindung dieses Prinzips mit dem geschichtlichen Leben. Wenn die Poesie die Ursprache der Menschen war – oder wenn die Sprache ihrem Wesen nach ein poetisches Verfahren ist, das darin besteht, die Welt als ein Gewebe von Symbolen und deren Beziehungen zueinander zu betrachten –, dann gründet jede Gesellschaft auf einem Gedicht; wenn die Revolution der Moderne in einer Bewegung der Rückkehr der Gesellschaft zu ihrem Ursprung, zum ursprünglichen Pakt unter Gleichen, besteht, dann wird sie eins mit der Poesie. Blake sagte: »Im Geiste der Poesie sind alle Menschen gleich.«[*] Deshalb will die romantische Dichtung auch Aktion sein: ein Gedicht ist nicht nur ein verbaler Gegenstand, sondern auch

[*] »All Religions Are One« (1788).

ein Glaubensbekenntnis und eine Tat. Selbst die Doktrin des »l'art pour l'art«, die diese Haltung zu negieren scheint, bestätigt sie und setzt sie fort: mehr als eine Ästhetik war sie eine Ethik, oft sogar eine Religion und eine Politik. Die moderne Dichtung wirkt im Untergrund der Gesellschaft, und das Brot, das sie an ihre Gläubigen austeilt, ist eine vergiftete Hostie: Negation und Kritik. Aber diese Zeremonie im Dunkel ist auch eine Suche nach der verschütteten Quelle, nach dem Wasser des Ursprungs.

Die Romantik entstand fast gleichzeitig in England und in Deutschland. Von dort aus verbreitete sie sich wie eine geistige Epidemie über den ganzen europäischen Kontinent. Der Vorrang der deutschen und englischen Romantik beruht nicht nur auf ihrer Priorität, sondern auch auf ihrer großen dichterischen Originalität und ihrem kritischen Verstand. In beiden Sprachen verband sich dichterisches Schaffen und Reflexion über die Dichtung mit einer Intensität, Tiefe und Neuartigkeit, wozu es in den anderen europäischen Literaturen keine Parallele gibt. Die kritischen Texte der englischen und deutschen Romantiker waren wahrhaft revolutionäre Manifeste und leiteten eine Tradition ein, die bis in unsere Tage fortdauert. Auch in der Verknüpfung von Theorie und Praxis, von Poesie und Poetik, äußerte sich das romantische Streben nach Verschmelzung der Gegensätze: Kunst und Leben, zeitloses Altertum und zeitgenössische Geschichte, Imagination und Ironie. Der Dialog zwischen Prosa und Poesie sollte einerseits die Poesie beleben durch das Eintauchen in die Alltagssprache und andererseits die Prosa idealisieren, die Logik des Diskurses in die Logik des Bildes auflösen. Die Folgen dieser gegenseitigen Durchdringung waren das Prosagedicht und die periodische Erneuerung der dichterischen Sprache im

Laufe des 19. und 20. Jahrhunderts durch immer stärkere Infiltrierung der Volkssprache. Aber um 1800, wie später um 1920, bestand das Neue weniger darin, daß die Dichter in Prosa über die Poesie spekulierten, als darin, daß diese Spekulation die Grenzen der alten Poetik überschritt und verkündete, daß die neue Dichtung auch eine neue Art zu fühlen und zu leben ist.

Die Verbindung von Poesie und Prosa ist bei den englischen und deutschen Romantikern eine Konstante, auch wenn sie sich natürlich nicht bei allen Dichtern mit derselben Intensität und in gleicher Weise äußert. Bei Coleridge und Novalis zum Beispiel besitzen Vers und Prosa, trotz ihrer wechselseitigen Beziehung, eine deutliche Autonomie: *Kubla Khan* und *The Ancient Mariner* (Die Weise vom alten Seefahrer) gegenüber den kritischen Texten in *Biographia Literaria*; die *Hymnen an die Nacht* gegenüber der philosophischen Prosa von *Blütenstaub*. Bei anderen Dichtern verschmelzen Inspiration und Reflexion in der Prosa ebenso wie in der Poesie: weder Hölderlin noch Wordsworth sind – zu ihrem Glück – philosophische Dichter, aber bei beiden sucht der Gedanke sich in ein sinnliches Bild zu verwandeln. Bei einem Dichter wie Blake schließlich ist das dichterische Bild nicht zu trennen von der prophetischen Vision, so daß es unmöglich ist, zwischen Prosa und Poesie eine Grenze zu ziehen.

Welche Unterschiede zwischen diesen Dichtern auch bestehen mögen – ich brauche wohl kaum zu erwähnen, daß sie beträchtlich sind –, begreifen doch alle die dichterische Erfahrung als eine Lebenserfahrung, an der der ganze Mensch teilhat. Das Gedicht ist nicht nur eine verbale Wirklichkeit, es ist auch eine Tat. Der Dichter spricht, und indem er spricht, *schafft* er. Dieses Schaffen ist in erster Linie ein Sich-selbst-Schaffen: die Poesie ist nicht nur Selbsterkenntnis, sondern auch Selbsterschaffung. Der Leser vollzieht diese Erfahrung der Selbsterschaffung nach, und so verkörpert sich die Poesie in der Geschichte. Auf dem Grunde dieser Idee lebt noch der alte Glaube an die Macht des Wortes: die Poesie wird als eine magische Handlung gedacht und gelebt, dazu bestimmt, die Wirklichkeit zu verwandeln. Die Analogie zwischen Magie und Poesie ist ein Thema, das im 19. und 20. Jahrhundert immer wieder auftaucht, das aber schon mit den deutschen Romantikern aufkam. Die Auffassung von der Poesie als Magie impliziert eine aktive Ästhetik; ich will damit sagen, die Kunst hört auf, ausschließlich Darstellung und Betrachtung zu sein: sie ist auch ein Einwirken auf die Wirklichkeit. Wenn die Kunst ein Spiegel der Welt ist, dann ist dieser Spiegel magisch: er verändert die Welt.

Die Ästhetik des Barock und die der Klassik hatten eine scharfe Grenze zwischen Kunst und Leben gezogen. So verschieden ihre Ideen vom Schönen auch waren, betonten doch beide den idealen Charakter des Kunstwerks. Dadurch, daß die Romantik der Inspiration, der Leidenschaft und der Empfindsamkeit den Vorrang gab, verwischte sie die Grenze zwischen Kunst und Leben: das Gedicht wurde eine Lebenserfahrung, und das Leben erhielt die Intensität der Poesie. Für Calderón ist das Leben ein illusorisches Gut, weil es von der Dauer und Konsistenz der Träume ist; für die Romantiker ist es gerade das Traumhafte, das das Leben von dem Horror der Monotonie erlöst. Sie machen aus dem Traum »ein zweites Leben«, ja sogar eine Brücke zum wahren Leben, zum Leben der Zeit des Anfangs. Poesie ist Wiedererlangung der Unschuld. Wie sollte man die religiösen Wurzeln dieser Haltung und ihre enge Beziehung zur protestantischen Tradition übersehen? Die Romantik entstand nicht nur deswegen in England und in Deutschland, weil sie einen Bruch mit der griechisch-römischen Ästhetik darstellt, sondern auch wegen ihrer geistigen Abhängigkeit vom Protestantismus. Die Romantik setzt den protestantischen Bruch fort. Durch Verinnerlichung der religiösen Erfahrung, auf Kosten des römischen Ritualismus, schuf der Protestantismus die seelischen und moralischen Voraussetzungen für die romantische Erschütterung. Die Romantik war vor allem eine Verinnerlichung der poetischen Vision. Der Protestantismus hatte das individuelle Bewußtsein des Gläubigen zum Schauplatz des religiösen Mysteriums gemacht; die Romantik war der Bruch mit der objektiven, eher unpersönlichen Ästhetik der lateinischen Tradition und die Geburt des dichterischen Ichs als primordiale Wirklichkeit.

Die Behauptung, die Romantik habe ihre geistigen Wurzeln in der protestantischen Tradition, mag gewagt erscheinen, insbesondere wenn man bedenkt, daß mehrere deutsche Romantiker zum Katholizismus konvertierten. Der wahre Grund dieser Konversionen wird jedoch deutlich, wenn man sich erinnert, daß die Romantik eine Reaktion auf den Rationalismus des 18. Jahrhunderts war: der Katholizismus der deutschen Romantiker war ein Anti-Rationalismus. Ein ähnliches Mißverständnis wie ihre Bewunderung für Calderón. Die Lektüre des spanischen Dramatikers war für sie mehr ein Glaubensbekenntnis denn eine echte Lektüre. Sie sahen in ihm die Negation Racines, aber sie übersahen, daß im Theater Calderóns nicht eine minder strenge, sondern eine noch strengere Vernunft waltet als bei dem französischen Dramatiker. Racines Theater ist ästhetisch und psychologisch: Thema sind die menschlichen Leidenschaften; Calderóns Theater ist theologisch: Thema ist die Erbsünde und die menschliche Freiheit. Die Romantiker verwechseln bei ihrer Calderón-Lektüre barocke und neuscholastische Dichtung mit dichterischem Antiklassizismus und philosophischem Anti-Rationalismus.

Die literarischen Grenzen der Romantik stimmen mit den religiösen des Protestantismus überein. Es waren auch und vor allem sprachliche Grenzen: die Romantik entstand und erreichte ihren Höhepunkt bei Völkern, die keine romanischen Sprachen sprechen. Also ein Bruch mit der Tradition, die im Okzident bis dahin bestimmend war, und das Auftauchen anderer Traditionen: die überlieferte Volksdichtung Deutschlands und Englands, die gotische Kunst, die keltische und germanische Mythologie und sogar, gegenüber dem Bild, das die lateinische Tradition uns von Griechenland gegeben hatte, die Entdeckung (oder Erfindung) eines anderen Griechenlands: das Griechenland Herders und Hölderlins, das später das Griechenland Nietzsches und auch unseres werden sollte. Dante wird auf seiner Höllenwanderung von Vergil, Faust wird von Mephisto begleitet. »Die Klassiker waren es«, sagt Blake in bezug auf Homer und Vergil, »die Klassiker, nicht die Goten oder die Mönche, die Europa mit Krieg überzogen.« Und er fügt hinzu: »Griechisch ist mathematische Form, gotisch aber ist lebende Form.« Und was Rom betrifft: »Ein kriegerischer Staat bringt niemals Kunst hervor.«[*]

Seit der Romantik erkennt sich der Okzident in einer anderen Tradition als der römischen, und diese Tradition ist nicht einheitlich, sondern vielfältig. Der sprachliche Einfluß – germanische und romanische Sprachen – aber wirkt sich in noch tieferen Schichten aus. Wie ich in der Folge zeigen werde, gibt es einen engen Zusammenhang zwischen dem englischen und dem deutschen Vers – bes-

[*] »On Homer's Poetry and on Vergil« (1820).

ser gesagt, zwischen den Systemen des Versbaus in beiden Sprachen – und dem Wandel der Sensibilität und der Sicht der Welt, den die Romantik bewirkte.

Die romantische Poesie bedeutete nicht nur einen Wandel von Sprache und Stil: sie bedeutete auch einen Wandel der Glaubensanschauungen, und das unterscheidet sie grundlegend von den anderen literarischen Strömungen und Stilrichtungen der Vergangenheit. Weder das Barock noch die Klassik waren Brüche im System der Glaubensanschauungen des Okzidents; um eine Parallele zur romantischen Revolution zu finden, muß man bis zur Renaissance und bis zur provenzalischen Dichtung zurückgehen. Der Vergleich mit dieser letzteren ist besonders aufschlußreich, denn in der provenzalischen wie in der romantischen Dichtung besteht eine unbestreitbare, noch nicht genügend erforschte Korrespondenz zwischen der metrischen Erneuerung, der neuen Sensibilität und der zentralen Stellung der Frau in beiden Bewegungen. In der Romantik bestand die metrische Erneuerung in der Wiederaufnahme der alten dichterischen Rhythmen deutscher und englischer Tradition. Die romantische Sicht der Welt und des Menschen, die Analogie, stützt sich auf eine Prosodie. Eine eher empfundene als gedachte und eine eher *gehörte* als empfundene Anschauung. Die Analogie begreift die Welt als Rhythmus: alles korrespondiert miteinander, weil alles Rhythmus und Reim ist. Die Analogie ist nicht nur eine kosmische Syntax, sie ist auch eine kosmische Prosodie. Wenn das Universum ein Text oder ein Gewebe von Zeichen ist, wird die Rotation dieser Zeichen vom Rhythmus gelenkt. Die Welt ist ein Gedicht; das Gedicht seinerseits ist eine Welt von Rhythmen und Symbolen. Korrespondenz und Analogie sind nur andere Namen dieses universalen Rhythmus.

Die analogische Weltsicht hatte ebenso Dante wie die Neuplatoniker der Renaissance inspiriert. Ihr Wiederaufleben in der romantischen Ära koinzidiert mit der Ablehnung der Archetypen der Klassik und der Entdeckung der nationalen Dichtungstraditionen. Mit dem Rückgriff auf die überlieferten dichterischen Rhythmen erneuerten die englischen und deutschen Romantiker die analogische Sicht der Welt und des Menschen. Sicherlich wäre es sehr schwierig, einen kausalen Zusammenhang zwischen akzentuierendem Vers und analogischer Weltsicht nachzuweisen; denkbar ist jedoch, daß eine geschichtliche Beziehung zwischen ihnen besteht und daß das Erscheinen des ersteren in der romantischen Epoche vom letzteren untrennbar ist. Die analogische Weltsicht war von den okkulten, hermetischen und libertinen Sekten des 17. und 18. Jahrhunderts als *Idee* bewahrt worden; die englischen und die deutschen Dichter übersetzten diese Idee der »Welt als Rhythmus«, und sie übersetzten sie wörtlich: sie »verwandelten« sie in verbalen Rhythmus, in Gedichte. Die Philosophen hatten die Welt als Rhythmus gedacht; die Dichter hörten diesen Rhythmus. Es war zwar nicht, wie sie glaubten, die Sprache der Sphären, aber doch die der Menschen.

Auch die Entwicklung des Verses in den romanischen Sprachen ist ein indirekter Beweis für die Korrespondenz zwischen akzentuierendem Vers und analogischer Weltsicht. Die metrischen Systeme der romanischen und der germanischen Sprachen verhalten sich umgekehrt symmetrisch: in dem einen ist der Akzentfall für das Silbenmaß, in dem anderen das Silbenmaß für die rhythmische Verteilung der Akzente subsidiär. Der akzentuierende Vers ist dem Tanz näher als dem Diskurs, und so sind die Gefahren des englischen und deutschen Verses nicht die lyrischen Syllogismen, sondern die Vermischung von Wort und Laut, die Verschwommenheit und das bloße rhythmische Geräusch: das Gegenteil der romanischen Prosodie. In den Ländern romanischer Sprache hatte sich der regelmäßig quantitierende Vers fast überall durchgesetzt. Sein strengster und vollkommenster Ausdruck ist der französische Vers. Allerdings spielen in den anderen romanischen Sprachen die Silbenakzente eine nicht geringere Rolle als die Regelmäßigkeit des Silbenmaßes, so daß ein italienischer, portugiesischer oder spanischer Vers eine komplexe Einheit bildet: die Varietät der Silbenakzente in jedem Vers gleicht die Einförmigkeit des Silbenmaßes aus. Aber die Tendenz zur Regelmäßigkeit, die seit der Renaissance vorherrschte und durch den Einfluß der französischen Klassik noch verstärkt wurde, blieb bis in die Epoche der Romantik ein konstantes Merkmal des romanischen Versbaus. Der rein quantitierende Vers führt leicht zur abstrakten Messung: mehr Rechnerei als Gesang und, wie die Poesie des 18. Jahrhunderts zeigt, mehr Beredsamkeit, Diskurs und versifiziertes Räsonieren. Gereimte und rhythmisierte Prosa, nicht die lebendige Prosa der Umgangssprache, diese Quelle aller Poesie, sondern die oratorische und intellektuelle des Diskurses. Zu Beginn des 19. Jahrhunderts hatten die romanischen Sprachen ihre Zauberkraft verloren; sie konnten nicht Vehikel eines antidiskursiven Denkens sein, das, wie das analogische Denken, voll magischer Resonanzen und seinem Wesen nach rhythmisch ist.

Koinzidiert das Wiederaufleben der Analogie in England und Deutschland mit der Rückkehr zu den überlieferten dichterischen Formen, so koinzidiert es in den lateinischen Ländern mit der Auflehnung gegen den regelmäßig quantitierenden Vers. Diese Auflehnung war in der französischen Sprache heftiger und rigoroser als in der italienischen und spanischen, weil dort der quantitierende Vers die Poesie mehr beherrschte als in den anderen romanischen Sprachen. Es ist bezeichnend, daß die großen Vorläufer der romantischen Bewegung in Frankreich zwei Prosaschriftsteller waren: Rousseau und Chateaubriand. Die analogische Sicht entfaltet sich in der französischen Prosa leichter als in den abstrakten Metren der traditionellen Poesie. Nicht weniger bezeichnend ist, daß zu den zentralen Werken der wahren französischen Romantik Nervals Roman *Aurélia* sowie eine Handvoll phantastischer Erzählungen von Charles Nodier zählen. Schließlich gehört zu den großen Schöpfungen der französischen Dichtung des vergangenen Jahrhunderts auch das Prosagedicht, eine Form, die das romantische Bestreben, Poesie und Prosa zu vermischen, tatsächlich verwirklicht. Diese Form konnte nur in einer Sprache erfunden werden, in der die Armut an Silbenakzenten die rhythmischen Möglichkeiten des freien Verses stark beschränkt. Und was den Vers betrifft: Hugo löst den Alexandriner auf und formt ihn neu; Baudelaire führt die Reflexion, den Zweifel, den Prosaismus, die Ironie ein – die geistige Zäsur, die versucht, wenn schon nicht das regelmäßige Metrum zu durchbrechen, so doch das Irreguläre, die Ausnahme zu suggerieren. Rimbaud versucht sich in der Volksdichtung, im Lied, im freien Vers. Die Reform der Prosodie kulminiert in zwei Extremen: einerseits die gebrochenen, lebhaften Rhythmen Laforgues und Corbières, andererseits die Partitur-Konstellation von *Un coup de dés*. Die ersteren übten einen tiefen Einfluß auf die Dichter der beiden Amerika aus: Lugones, Pound, Eliot, López Velarde; mit letzterem entstand eine Form, die weder dem 19. Jahrhundert noch der ersten Hälfte des 20. Jahrhunderts, sondern recht eigentlich unserer Zeit zukommt. – Diese knappe und disparate Aufzählung sollte lediglich darauf hinweisen, daß die allgemeine Bewegung der französischen Dichtung im vergangenen Jahrhundert als eine Auflehnung gegen den traditionellen quantitierenden Vers betrachtet werden kann. Diese Auflehnung koinzidiert mit der Suche nach dem dualen Prinzip, das das Universum und das Gedicht regiert: die Analogie.

Weiter oben habe ich gesagt: die wahre französische Romantik. Es gibt zwei: die eine, die der Lehrbücher und Literaturgeschichten, umfaßt eine Reihe von eloquenten, sentimentalen und diskursiven Werken, für die die Namen Musset und Lamartine stehen; die andere, für mich die echte Romantik, umfaßt nur wenige Werke und Autoren: Nerval, Nodier, den späten Hugo und die sogenannten »kleinen Romantiker«. Die wahren Erben der deutschen und englischen Romantik aber sind die Dichter, die, von Baudelaire bis zu den Symbolisten, nach den offiziellen Romantikern kommen. Von diesem Gesichtspunkt aus kann man Nerval und Nodier als ihre Vorläufer und Hugo als ihren Zeitgenossen ansehen. Diese Dichter geben uns eine andere Version der Romantik. Eine andere und doch die gleiche, denn die Geschichte der modernen Dichtung ist eine überraschende Bestätigung des analogischen Prinzips: jedes Werk ist die Negation und die Wiederbelebung der anderen, ist deren Verwandlung. Die französische Poesie der zweiten Hälfte des vergangenen Jahrhunderts – sie symbolistisch nennen hieße, sie verstümmeln – ist unauflöslich mit der deutschen und englischen Romantik verknüpft: sie ist ihre Fortsetzung, aber auch ihre Metapher. Sie ist eine Übersetzung, in der die Romantik zu sich selbst findet, sich betrachtet und überschreitet, sich befragt und sich transzendiert. Sie ist die *andere* europäische Romantik.

Bei jedem der großen französischen Dichter dieser Epoche öffnet und schließt sich der Fächer der Korrespondenzen. So kann man die Geschichte der französischen Poesie von den *Chimères* bis *Un coup de dés* auch als eine umfassende Analogie betrachten: jeder Dichter ist eine Strophe dieses Gedichts aus Gedichten, das die französische Poesie ist, und jedes Gedicht ist eine Version, eine Metapher dieses pluralischen Textes. Wenn ein Gedicht ein System von Äquivalenzen ist, wie Ramon Jakobson sagt – Reime und Alliterationen, die Echos sind, Rhythmen, die ein Spiel von Spiegelungen sind, Identität von Metaphern und Vergleichen –, dann ist die französische Poesie letztlich ein System von Äquivalenz-Systemen, eine Analogie von Analogien. Dieses analogische System wiederum ist eine Analogie zur ursprünglichen deutschen und englischen Romantik. Wollen wir, ohne gegen ihre Pluralität zu verstoßen, die europäische Dichtung als Einheit verstehen, müssen wir sie als ein analogisches System betrachten: jedes Werk ist eine einzigartige Wirklichkeit und gleichzeitig eine Übersetzung der anderen Werke. Eine Übersetzung: eine Metapher.

Die Idee der universalen Korrespondenz ist wahrscheinlich so alt wie die menschliche Gesellschaft. Das ist verständlich: die Analogie macht die Welt bewohnbar. Der natürlichen Kontingenz und dem Zufall setzt sie die Regel entgegen, der Abweichung und der Ausnahme die Ähnlichkeit. So ist die Welt nicht länger ein von Zufall und Laune gelenktes Schauspiel, in dem die blinden Kräfte des Unvorhersehbaren herrschen, sondern sie wird vom Rhythmus und seinen Wiederholungen und

Konjunktionen regiert. Sie ist ein Theater des Gleichklangs und der Begegnung, in dem alle Ausnahmen, auch die, Mensch zu sein, ihr Doppel und ihre Entsprechung finden. Die Analogie ist das Reich des Wörtchens *wie*, diese Wortbrücke, die die Unterschiede und Gegensätze versöhnt, ohne sie zu beseitigen. Die Analogie ist eine Erscheinung sowohl in den primitiven Gesellschaften als auch in den großen Kulturen am Anfang der Geschichte; sie taucht in der Antike bei den Platonikern und bei den Stoikern auf, sie entfaltet sich in der Welt des Mittelalters und verwandelt sich seit der Renaissance, in viele Glaubensrichtungen und geheime Sekten verzweigt, gewissermaßen in die Geheimreligion des Okzidents: Kabbala, Gnostik, Okkultismus, Hermetismus. Die Geschichte der modernen Poesie, von der Romantik bis in unsere Tage, ist nicht zu trennen von diesem Strom von Ideen und Glaubensanschauungen, die von der Analogie inspiriert worden sind.

Die Gnostiker, Kabbalisten, Alchemisten und andere marginale Strömungen des 17. und 18. Jahrhunderts übten einen tiefgreifenden Einfluß nicht nur auf die deutschen Romantiker aus, sondern auch auf Goethe und seinen Kreis. Dasselbe gilt für die englischen und natürlich auch für die französischen Romantiker. Ihrerseits verband sich die okkultistische Tradition des 17. und 18. Jahrhunderts mit verschiedenen sozialkritischen und revolutionären Bewegungen, die gleichzeitig libertär und libertin waren. Der Glaube an die universale Analogie ist von Erotik gefärbt: Körper und Seelen vereinigen und trennen sich nach denselben Gesetzen der Anziehung und Abstoßung, die die Konjunktionen und Disjunktionen der Gestirne und aller stofflichen Substanzen regieren. Es gibt eine astrologische und eine alchemistische Erotik, desgleichen eine subversive Erotik: die erotische

Anziehung durchbricht die Gesetze der Gesellschaft und vereinigt die Körper ohne Unterschied von Rang und Stand. Die Astrologie der Erotik bietet ein Modell sozialer Ordnung, das auf der kosmischen Harmonie gründet und dem System der Privilegien, der Macht und der Autorität entgegengesetzt ist; die Alchemie der Erotik – Vereinigung der entgegengesetzten Prinzipien, des Männlichen und des Weiblichen, und deren Verwandlung in einen anderen Körper – ist eine Metapher für die Veränderungen, Trennungen, Vereinigungen und Umwandlungen der sozialen Substanzen (der Klassen) im Verlauf einer Revolution. Verbale Korrespondenzen: die Revolution ist der *Schmelztiegel*, in dem die *Amalgamierung* der verschiedenen Glieder des Sozialkörpers und deren Verwandlung in einen anderen Körper stattfindet. Die Erotik des 18. Jahrhunderts war eine revolutionäre Erotik mit okkultistischen Wurzeln, wie man aus den libertinen Romanen von Restif de la Bretonne ersehen kann. Vom erotischen Mystizismus dieses Schriftstellers bis zur Konzeption einer Gesellschaft, die von der Sonne leidenschaftlicher Anziehung regiert wird, ist nur ein Schritt. Dieser Schritt heißt Charles Fourier.

Fourier ist eine zentrale Gestalt ebenso in der Geschichte der französischen Dichtung wie in der der revolutionären Bewegung. Er ist nicht weniger aktuell als Marx (und ich vermute, er wird noch aktueller). Fourier glaubt, wie Marx, daß die Gesellschaft von Gewalt, Zwang und Lüge regiert wird, doch im Unterschied zu Marx glaubt er, daß das, was die Menschen verbindet, die leidenschaftliche Anziehung, die Lust ist. Das Wort *Lust* kommt in Marx' Vokabular nicht vor; eine Unterschlagung, die einer Verstümmelung des Menschen gleichkommt. Für Fourier heißt die Gesellschaft verändern, sie von den Hindernissen befreien, die der Wirkung der

Gesetze der leidenschaftlichen Anziehung im Wege stehen. Es sind dies astronomische, psychologische und mathematische, aber auch literarische und poetische Gesetze. In der Vorrede zur *Théorie des quatre mouvements et des destinées générales* faßt er seine Konzeption zusammen: »Die erste Wissenschaft, die ich entdeckte, war die Theorie der leidenschaftlichen Anziehung ... Bald wurde mir bewußt, daß die Gesetze der leidenschaftlichen Anziehung in allen ihren Einzelheiten den Gesetzen der stofflichen Anziehung entsprechen, wie Newton sie festgestellt hat: das Bewegungssystem der stofflichen Welt ist auch das der geistigen Welt. Ich nahm an, daß sich diese Analogie von den allgemeinen Gesetzen auf die besonderen Gesetze ausdehnen läßt; daß die Anziehung und andere Eigenschaften bei den Tieren, den Pflanzen und den Mineralien vielleicht in derselben Weise wie bei den Menschen und den Gestirnen koordiniert sind. So entdeckte ich die Analogie der vier Bewegungen: der materiellen, der organischen, der animalischen und der sozialen ... Kaum hatte ich diese beiden Theorien aufgestellt – die der Anziehung und die der Einheit der vier Bewegungen – begann ich, in dem Zauberbuch der Natur zu lesen.«* Es ist aufschlußreich, daß diese Darlegung mit einer zugleich literarischen und okkultistischen Metapher endet: die Natur als Buch, aber als ein Zauber- und Geheimbuch. Rotation der Analogie: das Prinzip, das die Welt und die Menschen regiert, ist ein mathematisches und musikalisches Prinzip, das in einer seiner Phasen Gerechtigkeit, in einer anderen Leidenschaft und Lust heißt. Alle diese Bezeichnungen sind Metaphern, literarische Sinnbilder: die Analogie ist ein poetisches Prinzip.

* Charles Fourier, *Théorie des quatre mouvements et des destinées générales*. Editions Anthropos, Paris 1967.

Die offizielle Kritik hatte Fouriers Einfluß ignoriert oder minimalisiert. Dank vor allem den Hinweisen André Bretons, der als erster den französischen Utopisten als eines der magnetischen Zentren unserer Zeit bezeichnete, wissen wir heute, daß es einen Punkt gibt, wo revolutionäres und poetisches Denken sich kreuzen: die Idee der leidenschaftlichen Anziehung. Fourier ist, wie de Sade, ein geheimer Autor, wenn auch aus anderen Gründen. Spricht man von dem Visionär Balzac, dem Autor von *Louis Lambert*, *Séraphita*, *La peau de chagrin*, *Melmoth reconcilié*, denkt man einzig und allein an Swedenborg und vergißt Fourier. Selbst Flora Tristán, die große Vorläuferin des Sozialismus und der Frauenemanzipation, wird Fourier nicht gerecht: »Fourier war ein Nachfolger Swedenborgs; auf Grund der Entdeckung der Korrespondenzen verkündete der schwedische Mystiker die Universalität der Wissenschaft und vermittelte Fourier sein herrliches System der Analogien. Swedenborg verstand den Himmel und die Hölle als Systeme, die durch Attraktion und Antagonismus bewegt werden; Fourier wollte den himmlischen Traum Swedenborgs schon auf Erden verwirklichen und verwandelte die Hierarchien der Engel in Phalansterien...« Stendhal bemerkte: »In zwanzig Jahren wird man vielleicht das Genie Fouriers anerkennen.« Wir schreiben jetzt 1972; im vergangenen April war sein 200. Geburtstag, und wir kennen sein Werk immer noch viel zu wenig. Vor kurzem entdeckte und veröffentlichte Simone Debout ein Manuskript, das von prüden Schülern versteckt worden war: *Le nouveau monde amoureux*, in dem Fourier sich als eine Art Anti-de Sade und Anti-Freud offenbart, wiewohl seine Kenntnis der menschlichen Leidenschaften nicht weniger profund war als die der Genannten. Gegen den Strom seiner Zeit wie auch noch unserer Zeit, gegen eine zweitausendjährige Tradition behauptet Fourier, die Lust sei nicht zwangsläufig tödlich, wie de Sade meint, und die Gesellschaft sei nicht von Natur aus repressiv, wie Freud verkündet. Zu behaupten, Lust sei etwas Gutes, ist im Okzident skandalös, und Fourier ist wirklich ein skandalöser Autor; de Sade und Freud bestätigen gewissermaßen den negativen Modus, die pessimistische Vision des Judenchristentums.

Baudelaire machte die Analogie zum Zentrum seiner Poetik. Ein Zentrum, das ständig schwankt, weil es immer von der Ironie, vom Todesbewußtsein, von der Idee der Sünde erschüttert wird: vom Christentum. Vielleicht hat diese Ambivalenz (wie auch sein politischer Skeptizismus) ihn dazu geführt, hart über Fourier zu urteilen. Aber diese Härte ist leidenschaftlich, eine umgekehrte Bewunderung: »Eines Tages kam Fourier und offenbarte uns mit etwas übertriebener Feierlichkeit die Mysterien der Analogie. Ich will den Wert einiger seiner minutiösen Entdeckungen nicht leugnen, obgleich ich glaube, daß sein Hirn allzu sehr auf materielle Genauigkeit bedacht war, um wirklich und in seiner Gänze das System, das er entworfen hatte, zu begreifen ... Auch hätte er uns eine ebenso kostbare Offenbarung geben können, wenn er uns anstatt der Betrachtung der Natur die Lektüre vieler ausgezeichneter Dichter geboten hätte ...«*

Im Grunde wirft Baudelaire Fourier vor, daß er keine Poetik geschrieben hat, das heißt, er wirft ihm vor, nicht Baudelaire zu sein. Für Fourier ist das System des Universums der Schlüssel zum Gesellschaftssystem, während es für Baudelaire das Modell der dichterischen Schöpfung ist. Die Erwähnung Swedenborgs war zu erwarten: »Swedenborg, der eine größere Seele besaß, hat

---

* *L' art romantique. Réflexions sur quelques-uns de mes contemporains* (1861) in *Œuvres*, Gallimard, Bibliothèque de la Pléiade, Paris 1941.

uns gelehrt, daß der Himmel ein unendlicher Mensch ist und daß alles – Form, Farbe, Bewegung, Zahl, Duft –, im Geistigen wie im Stofflichen, bedeutungsvoll ist, sich aufeinander bezieht, einander entspricht.« Eine herrliche Passage, die das Schöpferische jeder wahrhaften Kritik zeigt: sie beginnt mit einer Invektive und endet mit einer Vision der universalen Analogie. Novalis hatte gesagt: »Man berührt den Himmel, wenn man einen Menschenleib betastet«; und Fourier: »Die Leidenschaft ist beseelte Mathematik«.

In der Konzeption Baudelaires tauchen zwei Ideen auf. Die eine ist sehr alt: das Universum ist eine Sprache. Keine statische Sprache, sondern eine in ständiger Bewegung: jeder Satz bringt einen anderen Satz hervor; jeder Satz sagt etwas anderes, und alle sagen das gleiche. In seinem Essay über Richard Wagner kommt er auf diese Idee zurück: Es überrasche ihn nicht, »daß die wahre Musik verschiedenen Gehirnen analoge Ideen eingibt ..., überraschend wäre es vielmehr, wenn der Klang *nicht* Farbvorstellungen hervorrufen könnte, wenn Farben *nicht* die Vorstellung von einer Melodie vermitteln könnten und wenn Klänge und Farben nicht imstande wären, Ideen zu übersetzen; die Dinge haben immer in einer wechselseitigen Analogie ihren Ausdruck gefunden, und zwar seit dem Tag, da Gott die Welt als eine unteilbare und komplexe Ganzheit aussprach«. Baudelaire sagt nicht: Gott schuf die Welt, sondern *er sprach sie aus*, er sagte sie. Die Welt ist ein Komplex nicht von Dingen, sondern von Zeichen: was wir Dinge nennen, sind Wörter. Ein Berg ist ein Wort, ein Fluß ist ein anderes, eine Landschaft ist ein Satz. Und alle diese Wörter und Sätze verändern sich ständig: die universale Korrespondenz bedeutet unaufhörliche Metamorphose. Der Text, der die Welt ist, ist nicht ein einziger Text: jede Seite ist die Übersetzung und die Metamorphose einer anderen, und so fort. Die Welt ist die Metapher einer Metapher. Sie verliert ihre Realität und verwandelt sich in eine Sprachfigur. Im Zentrum der Analogie klafft eine Lücke: die Pluralität der Texte impliziert, daß es keinen Urtext gibt. Durch dieses Loch stürzt und verschwindet die Realität der Welt, und mit ihr der Sinn der Sprache. Doch nicht Baudelaire, sondern Mallarmé war es, der es wagen sollte, dieses Loch zu betrachten und aus dieser Betrachtung der Leere den Stoff seiner Dichtung zu machen.

Nicht weniger schwindelerregend ist die andere Idee, von der Baudelaire besessen ist: Wenn das Universum eine chiffrierte Schrift, eine verschlüsselte Sprache ist, dann ist der Dichter, im weitesten Sinne, nichts anderes als ein Entzifferer, ein Übersetzer. Jedes Gedicht ist eine Lektüre der Wirklichkeit; diese Lektüre ist eine Übersetzung; diese Übersetzung ist eine Schrift: eine abermalige Verschlüsselung der Wirklichkeit, die entziffert wird. Das Gedicht ist das Doppel des Universums: eine Geheimschrift, ein mit Hieroglyphen bedeckter Raum. Ein Gedicht schreiben heißt, das Universum entschlüsseln, nur um es von neuem zu verschlüsseln. Unendliches Spiel der Analogie: der Leser wiederholt den Akt des Dichters: die Lektüre ist eine Übersetzung, die das Gedicht des Dichters in das Gedicht des Lesers verwandelt.

Die Poetik der Analogie begreift die literarische Schöpfung als Übersetzung; diese Übersetzung ist mannigfaltig und konfrontiert uns mit dem Paradox der Pluralität der Autoren. Eine Pluralität, die auf das folgende hinausläuft: der wahre Autor eines Gedichts ist weder der Dichter noch der Leser, sondern die Sprache. Das bedeutet nicht, daß die Sprache die Realität des Dichters und des Lesers verdrängt, sondern daß sie diese umfaßt und mit einschließt: der Dichter und der Leser sind lediglich zwei existentielle Momente der Sprache. Wenn es wahr ist, daß beide sich der Sprache bedienen, um zu sprechen, so ist auch wahr, daß die Sprache durch sie spricht. Die Idee von der Welt als Text in Bewegung führt zum Verschwinden des einzigen Textes; die Idee vom Dichter als Übersetzer oder Entzifferer führt zum Verschwinden des Autors. Aber es war nicht Baudelaire, sondern es waren die Dichter der zweiten Hälfte des 20. Jahrhunderts, die aus diesem Paradox eine Methode des Dichtens machen sollten.

Die Analogie ist die Wissenschaft von den Korrespondenzen. Allerdings verdankt diese Wissenschaft ihre Existenz den Unterschieden: gerade weil dieses *nicht* jenes ist, kann eine Brücke zwischen diesem und jenem geschlagen werden. Die Brücke ist das Wörtchen *wie* oder das Wörtchen *ist*: dieses ist *wie* jenes, dieses *ist* jenes. Die Brücke hebt die Distanz nicht auf: sie vermittelt; sie hebt auch die Unterschiede nicht auf: sie stellt zwischen verschiedenen Gliedern eine Beziehung her. Die Analogie ist die Metapher, in der die Andersheit sich als Einheit träumt und die Verschiedenheit sich illusorisch als Gleichheit entwirft. Durch die Analogie ordnet sich die wirre Landschaft der Pluralität und Heterogenität und wird intelligibel. Die Analogie ist das Verfahren, mittels dessen wir, dank dem Spiel der Ähnlichkeiten, die Unterschiede akzeptieren. Die Analogie hebt die Unterschiede nicht auf: sie mildert sie, macht ihre Existenz erträglich. Jeder Dichter und jeder Leser ist ein einsames Bewußtsein: die Analogie ist der Spiegel, in dem sie sich erblicken. Die Analogie impliziert also nicht die Einheit der Welt, sondern ihre Pluralität, nicht die Identität des Menschen, sondern sein Gespaltensein, die ständige Spaltung seiner selbst. Die Analogie besagt, daß jedes Ding die Metapher eines anderen Dings ist. Im Bereich der Identität jedoch gibt es keine Metaphern: die Unterschiede gehen in der Einheit auf, und die Andersheit verschwindet. Das Wörtchen *wie* verflüchtigt sich: das Sein ist mit sich selbst identisch. Die Poetik der Analogie konnte nur in einer Gesellschaft entstehen, die auf der Kritik gründet – und von ihr unterminiert wird. Der modernen Welt der linearen Zeit und ihrer unendlichen Zerstückelung, der Zeit des Wandels und der Geschichte, setzt die Analogie nicht die unmögliche Einheit entgegen, sondern die Vermittlung durch eine Metapher. Die Analogie ist das Mittel der Poesie, der Andersheit gegenüberzutreten.

Die beiden Extreme, die das Bewußtsein des modernen Dichters spalten, zeigen sich bei Baudelaire mit gleicher Klarheit – mit gleicher Grausamkeit. Die moderne Poesie, sagt er uns immer wieder, ist die *bizarre* Schönheit: sie ist einmalig, absonderlich, irregulär, neuartig. Sie entspricht nicht dem klassischen Gleichmaß, sondern romantischer Originalität; sie ist unwiederholbar, sie ist nicht ewig, sondern sterblich. Sie gehört der linearen Zeit an: sie ist die Neuheit jedes Tages. Ihr anderer Name ist Unglück, Bewußtsein der Endlichkeit. Grotesk, seltsam, bizarr, originell, sonderbar, einzigartig: alle diese Bezeichnungen der romantischen und symbolistischen Ästhetik sind nur verschiedene Arten, dasselbe Wort auszudrücken: Tod. In einer Welt, in der die Identität – oder die christliche Ewigkeit – verschwunden ist, wird der Tod zur großen Ausnahme, die alle anderen absorbiert und die Regeln und Gesetze annulliert. Das Mittel gegen die universale Ausnahme ist ein doppeltes: die Iro-

nie – die Ästhetik des Grotesken, Bizarren, Einzigarti-
gen – und die Analogie – die Ästhetik der Korrespondenzen.

Ironie und Analogie sind unvereinbar. Erstere ist die
Tochter der linearen, sukzessiven und unwiederholba-
ren Zeit; letztere ist die Manifestation der zyklischen
Zeit: die Zukunft liegt in der Vergangenheit, und beide
liegen in der Gegenwart. Die Analogie gehört der Zeit
des Mythos an, mehr noch: sie ist seine Grundlage; die
Ironie dagegen gehört in die geschichtliche Zeit, sie ist
die Konsequenz der Geschichte (und das Bewußtsein
von ihr). Die Analogie macht aus der Ironie eine weitere
Variante im Fächer der Ähnlichkeiten, aber die Ironie
zerreißt den Fächer. Die Ironie ist die Wunde, an der die
Analogie verblutet; sie ist die Ausnahme, das schicksal-
hafte Verhängnis in der doppelten Bedeutung des Wortes: das Notwendige und das Unheilvolle. Die Ironie
zeigt uns: wenn das Universum ein Text ist, ist jede
Übersetzung dieses Textes anders und das Konzert der
Korrespondenzen ist ein babylonisches Sprachengewirr.
Das dichterische Wort endet in Geheul oder Schweigen:
die Ironie ist weder ein Wort noch ein Diskurs, sondern
das Gegenteil des Wortes, die Nicht-Kommunikation.
Das Universum, sagt die Ironie, ist kein Text; wäre es
einer, wären seine Zeichen für den Menschen unver-
ständlich, weil das Wort Tod darin nicht vorkommt, der
Mensch aber ist sterblich.

Baudelaire war sich der Ambigiutät der Analogie bewußt. In dem berühmten Sonett *Correspondances* (Ent-
sprechungen) schrieb er:

La Nature est un temple où de vivants piliers
Laissent parfois sortir de confuses paroles;

Ein Tempel ist Natur, lebendig auferbaut,
Die Pfeiler sprechen hier und dort in wirren Zungen

Der Mensch wandert durch diese Wort- und Sinn-Wäl-
der, ohne die Sprache der Dinge ganz zu verstehen: die
Worte, die diese Säulen-Bäume hervorbringen, sind
wirr. Wir haben das Geheimnis der kosmischen Sprache,
das der Schlüssel zur Analogie ist, verloren. Fourier sagt
in aller Unschuld, er lese im »Zauberbuch« der Natur;
Baudelaire bekennt, daß er den Text dieses Buches nicht
deutlich verstehe. Die Metapher vom Universum als
Buch ist uralt und findet sich auch im letzten Gesang des
Danteschen *Paradieses*: Der Dichter schaut das Myste-
rium der Dreieinigkeit, das Paradox der Andersheit, die
die Einheit ist:

> Nel suo profondo vidi che s'interna
> legato con amore in un volume,
> ciò che per l'universo si squaderna;
> sustanze e accidenti e lor costume,
> quasi conflati insieme, per tal modo
> che ciò ch' i' dico è un semplice lume.

> In seine Tiefe schloß, vereint durch Lieben,
> wie in ein einzig Buch sich alles ein,
> was durch das Weltall steht zerstreut geschrieben:
> Substanz und Akzidens nach Art und Sein
> gleichsam in eins verschmolzen und verwoben,
> und was ich sag', ist nur ein blasser Schein.*

Die Pluralität der Welt – umherfliegende Blätter – ruht
vereint im heiligen Buch: Substanz und Akzidens vereinigen sich am Ende. Alles ist ein Abglanz dieser Ein-

* Übersetzung von Otto Gildemeister.

heit, nicht ausgenommen die Worte des Dichters, die sie aussprechen. An einer späteren Stelle bezeichnet Dante die Vereinigung von Substanz und Akzidens als *Knoten*, und dieser Knoten ist die universale Form, die alle Formen einschließt. Der Knoten ist die Hieroglyphe für Gottesliebe. Fourier würde sagen, dieser Knoten sei nichts anderes als die leidenschaftliche Anziehung. Aber Fourier, wie wir alle, weiß nicht, *was* dieser Knoten ist und *woraus* er besteht. Fouriers Analogie ist, wie die Baudelaires und aller Modernen, ein Verfahren, eine Kombinatorik; die Analogie Dantes beruht auf einer Ontologie. Während das Zentrum der Analogie für uns die Leere ist, ist es für Dante ein Knoten: die Dreieinigkeit, die das Eine und Viele, die Substanz und das Akzidens versöhnt. Daher kennt er das Geheimnis der Analogie – oder glaubt es zu kennen –, den Schlüssel, der ihm das Buch des Universums erschließt; dieser Schlüssel ist wiederum ein Buch: die Heilige Schrift. Der moderne Dichter weiß das Gegenteil – oder glaubt es zu wissen: die Welt ist nicht lesbar, sie ist kein Buch. Die Negation, die Kritik, die Ironie sind auch ein Wissen, wiewohl dem Dantes entgegengesetzt. Ein Wissen, das nicht auf der Betrachtung der Andersheit im Schoße der Einheit beruht, sondern auf der Vision des Bruchs der Einheit. Ein abgründiges, ironisches Wissen.

Mallarmé schließt diese Periode ab und eröffnet die unsere. Er schließt sie ab mit derselben Metapher vom Buch. In seiner Jugend, in den Jahren der Isolierung in der Provinz, hat er die Vision vom *Werk*, einem Werk, das er mit dem der Alchemisten vergleicht, die er »unsere Vorfahren« nennt. 1866 gesteht er seinem Freund Cazalis: »Zwei Abgründe tun sich vor mir auf: der eine ist das Nichts, zu dem ich ohne Kenntnis des Buddhismus ge-

langt bin . . ., der andere ist das *Werk*.«[*] Das Werk: die
Poesie angesichts des Nichts. Und er fügt hinzu: »Vielleicht wird der Titel meines Lyrik-Bandes ›Die Glorie
der Lüge‹ oder ›Die glorreiche Lüge‹ sein.« Mallarmé
will den Gegensatz von Analogie und Ironie auflösen: er
akzeptiert die Realität des Nichts – die Welt der Andersheit und der Ironie ist letztlich nichts anderes als die
Manifestation des Nichts –, aber er akzeptiert ebenso die
Realität der Analogie, die Realität des dichterischen
Werkes. Poesie als Maske des Nichts. Das Universum
verwandelt sich in ein Buch, in ein überpersönliches Gedicht, das weder das Werk des Dichters Mallarmé ist, der
in der geistigen Krise von 1866 verschwand, noch das
irgendeiner anderen Person: durch den Dichter, der nur-
mehr Transparenz ist, spricht die Sprache.
Kristallisation der Sprache in einem überpersönlichen
Werk, das nicht nur das Doppel des Universums ist, wie
die Romantiker und Symbolisten das wollten, sondern
auch dessen Annullierung. Das Nichts, das die Welt ist,
verwandelt sich in ein Buch, das Buch / *le Livre*. Mallarmé hat uns Hunderte von Zetteln hinterlassen, auf denen er die Besonderheiten dieses Buches beschreibt, das
aus losen Blättern bestehen sollte: er legt fest, wie diese
Blätter angeordnet und bei jeder Lektüre so kombiniert
werden sollten, daß sich immer eine andere Version desselben Textes ergäbe; er bestimmt das Ritual jeder Lektüre einschließlich Teilnehmerzahl und Eintrittspreis –
Messe und Theater zugleich; er macht sich Gedanken
über die Ausstattung der Volksausgabe (es gibt seltsame
Kalkulationen über den Absatz des Buches, die an Balzac
und seine finanziellen Spekulationen erinnern); dazu
Reflexionen, vertrauliche Mitteilungen, Zweifel, Frag-

[*] S. Mallarmé, *Correspondance*, (Hrsg.) Henri Mondor und Jean-
Pierre Richard, Gallimard, Paris 1959.

mente, Satzfetzen . . . Das Buch existiert nicht. Es wurde nie geschrieben. Die Analogie endet in Schweigen.

V
Übersetzung und Metapher

In Frankreich gab es eine romantische Literatur – einen romantischen Stil, eine romantische Ideologie, einen romantischen Gestus –, aber einen *romantischen Geist* gab es erst in der zweiten Hälfte des 19. Jahrhunderts. Zudem war diese Bewegung eine Rebellion gegen die Tradition der französischen Dichtung seit der Renaissance, gegen ihre Ästhetik ebenso wie gegen ihre Prosodie, wohingegen die englische und die deutsche Romantik eine Wiederentdeckung (oder eine Erfindung) der nationalen dichterischen Traditionen waren. Und in Spanien und seinen ehemaligen Kolonien? Die spanische Romantik war oberflächlich und deklamatorisch, patriotisch und sentimental: eine Imitation der französischen Vorbilder, die selber schwülstig waren und sich von der englischen und deutschen Romantik herleiteten. Nicht die Ideen: die Themen; nicht der Stil: die Manier; nicht die Vision der Entsprechung zwischen Makrokosmos und Mikrokosmos; auch nicht das Bewußtsein vom Ich als einem Fehler, einer Ausnahme im System der Welt; nicht die Ironie: der gefühlsbestimmte Subjektivismus. Es gab romantische Haltungen und es gab Dichter nicht ohne Talent und Leidenschaft, die sich die heroischen Gebärden Byrons (nicht die Ökonomie seiner Sprache) und die hochtrabende Ausdrucksweise Hugos (nicht seinen visionären Geist) zu eigen machten. Keiner der öffentlich anerkannten Dichter der spanischen Romantik ist eine Gestalt ersten Ranges, mit Ausnahme von Larra. Aber der Larra, der uns begeistert, ist der Kritiker seiner selbst und seiner Zeit, ein Moralist, mehr dem 18. Jahrhundert verhaftet als der Romantik, der Autor grimmiger Epigramme: »Hier ruht halb Spanien, gestorben an der anderen Hälfte.« Mit einer gewissen Grobheit sagte der Argentinier Sarmiento, als er 1846 Spanien besuchte, zu den Spaniern: »Ihr habt heute überhaupt keine Schriftsteller ... Ihr hier und wir dort drüben *übersetzen*.« Man muß hinzufügen, daß das Panorama Lateinamerikas nicht etwa weniger trostlos, sondern noch trostloser war als das Spaniens: Die Spanier imitierten die Franzosen, und die Hispanoamerikaner die Spanier.[*]

Der einzige spanische Schriftsteller dieser Periode, der den Namen eines Romantikers voll verdient, ist José María Blanco White. Seine Familie war irischer Herkunft, und einer seiner Vorfahren hatte beschlossen, den Familiennamen einfach dadurch zu hispanisieren, daß er ihn übersetzte: White = Blanco. Ich weiß nicht, ob man Blanco White der spanischen Literatur zurechnen kann: der größte Teil seines Werks wurde auf englisch geschrieben. Er war ein »poeta minor«, aber es ist nur gerecht, daß er in einigen Anthologien der englischen romantischen Dichtung einen festen, wenn auch bescheidenen Platz einnimmt. Dagegen war er ein bedeutender Kritiker auf dem Gebiet der Moral, der Geschichte, der Politik und der Literatur. Seine Reflexionen über Spanien und Hispanoamerika sind immer noch aktuell. Und wenn Blanco White der spanischen Literatur auch nur halb zuzurechnen ist, repräsentiert er doch eine wichtige Etappe in der geistigen und politischen Ge-

[*] Im Unterschied zu den anderen Hispanoamerikanern holten sich die Argentinier ihre Anregungen direkt bei den französischen Romantikern. Obgleich ihre Romantik, wie die ihrer Meister, rein äußerlich und deklamatorisch war, brachte die argentinische Bewegung etwas später in der Form des »poetischen Nationalismus« (eine weitere romantische Erfindung) die einzige große hispanoamerikanische Dichtung dieser Periode hervor: *Martín Fierro* von José Hernández (1834 bis 1866).

schichte der hispanischen Völker. Blanco White ist das Opfer sowohl des Hasses der Konservativen und Nationalisten als auch das unserer Nachlässigkeit gewesen: ein großer Teil seines Werks ist nicht einmal ins Spanische übersetzt worden.* In engem Kontakt mit dem englischen Denken, ist er der einzige spanische Kritiker, der unsere dichterische Tradition aus der romantischen Perspektive untersucht: »Seit Einführung der italienischen Metrik Mitte des 16. Jahrhunderts durch Boscán und Garcilaso sind unsere besten Dichter sklavische Nachahmer Petrarcas und der Schriftsteller jener Schule gewesen ... Der Reim, das italienische Metrum und eine falsche Vorstellung von der poetischen Sprache, die nur von dem zu sprechen erlaubt, wovon die anderen Dichter gesprochen haben, hat ihnen die Freiheit des Denkens und des Ausdrucks genommen.« Ich finde keine bessere und konzisere Beschreibung des Zusammenhangs zwischen der Ästhetik der Renaissance und dem regelmäßig quantitierenden Vers. Blanco White kritisiert nicht nur die poetischen Modelle des 18. Jahrhunderts, der französischen Klassik, sondern er geht auch bis zum Ursprung zurück: die Einführung des regelmäßigen Silbenmaßes im 16. Jahrhundert und mit ihr die eines Schönheitsbegriffs, der auf der Symmetrie gründet und nicht auf der persönlichen Sehweise. Sein Heilmittel ist das von Wordsworth: der »poetischen Sprache« entsagen und die gewöhnliche Sprache gebrauchen, »auf eigene Rechnung in unserer eigenen Sprache denken«. Aus denselben Gründen beklagt er das Vorherrschen des französischen

* Dank den kritischen Studien von Vicente Llorens – *Liberales y románticos*, Madrid 1968[2] – und neuerdings denen von Juan Goytisolo – siehe *Libre*, 2, Paris 1971 – beginnen wir Leben und Werk Blanco Whites kennenzulernen. Aber seine Stimme erreicht uns mit einer Verspätung von hundertfünfzig Jahren.

Einflusses: »Es ist ein Jammer, daß sich die Spanier wegen der Schwierigkeiten, die ihnen die englische Sprache bereitet, ausschließlich an die französischen Autoren halten.«

Zwei Namen scheinen das zuvor Gesagte zu widerlegen: Gustavo Adolfo Bécquer und Rosalía de Castro. Ersterer ist ein Dichter, den wir alle bewundern; letztere ist als Schriftstellerin nicht minder intensiv als Bécquer und vielleicht extensiver und energischer (ich wollte *viriler* schreiben, doch ich habe gezögert: Energie ist auch weiblich). Beide sind verspätete Romantiker, selbst in der hinterherhinkenden spanischen Romantik. Obgleich sie Zeitgenossen von Mallarmé, Verlaine und Browning waren, zeigt ihr Werk sie als zwei Geister, die sich von all dem, was ihre Epoche erschütterte und veränderte, nicht beeinflussen ließen. Trotzdem sind sie beide echte Dichter, die uns am Ausgang der geschwätzigen hispanischen Romantik die Romantik, die wir nie hatten, vermissen lassen. Juan Ramón Jiménez sagte, daß mit Bécquer die moderne Dichtung in unserer Sprache begann. Wenn das stimmt, ist es ein allzu zaghafter Anfang: der andalusische Dichter erinnert zu sehr an E.T.A. Hoffmann und, mag das widersprüchlich sein, an Heine. Das Ende einer Periode oder die Ankündigung einer anderen? Bécquer und Rosalía leben zwischen zwei Epochen, will sagen: sie bilden keine Epoche für sich, sie repräsentieren weder die Romantik noch die moderne Dichtung.

Die Romantik war in Spanien und in Hispanoamerika ein Spätling, doch ist das keine rein chronologische Frage. Es handelt sich nicht um ein neuerliches Beispiel für die »geschichtliche Rückständigkeit Spaniens«, ein Schlagwort, mit dem man die Eigenheiten unserer Völker, unsere Exzentrizität erklären will. Ist die Armut unserer Romantik ein weiteres Kapitel dieses Themas einer

Dissertation oder eines Klagelieds, das »die spanische Dekadenz« lautet? Alles hängt von der Vorstellung ab, die wir von den Beziehungen zwischen Kunst und Geschichte haben. Es läßt sich nicht bestreiten, daß die Dichtung eine geschichtliche Hervorbringung ist; aber es wäre einfältig zu denken, daß sie ein bloßes Abbild der Geschichte ist. Die Beziehungen zwischen beiden sind subtiler und komplexer. Blake sagte: »Ages are all equal but Genius is always above the Age.« Auch wenn man einen so extremen Gesichtspunkt nicht teilt, kann man doch nicht ignorieren, daß die Epochen, die wir als dekadent bezeichnen, häufig reich an großen Dichtern sind. Góngora und Quevedo sind Zeitgenossen von Philipp III. und Philipp IV., Mallarmé lebt im Zweiten Kaiserreich, Li Tai-po und Tu Fu sind Zeugen des Verfalls der Tang-Dynastie. Ich will daher versuchen, eine Hypothese aufzustellen, die die Wirklichkeit der Geschichte ebenso berücksichtigt wie die relativ autonome Wirklichkeit der Dichtung.

Die Romantik war eine Gegenreaktion auf die Aufklärung, und deshalb wurde sie von ihr determiniert: sie war eines ihrer widersprüchlichen Produkte. Als ein Versuch der dichterischen Imagination, die durch die kritische Vernunft verödeten Seelen wiederzubeleben; als Suche nach einem Prinzip, das sich von dem der Religionen unterscheidet, sowie als Negation der geschichtlichen Zeit der Revolutionen ist die Romantik die andere Seite der Moderne: ihre Gewissensbisse, ihre Delirien, ihre Sehnsucht nach einem verkörperten Wort. Romantische Ambiguität: sie verherrlicht die Fähigkeiten und Gaben des Kindes, des Verrückten, der Frau, des nicht-rationalen *anderen*, aber sie verherrlicht sie vom Standpunkt der Moderne aus. Der Wilde versteht sich weder als Wilder, noch will er einer sein; Baudelaire begeisterte sich für

das, was er den »Kannibalismus« Delacroix' nennt, als
Anhänger eben der »modernen Schönheit«. In Spanien
konnte es zu dieser Gegenreaktion auf die Moderne nicht
kommen, weil Spanien im Grunde keine Moderne hatte:
weder kritische Vernunft noch bürgerliche Revolution.
Weder Kant noch Robespierre. Es ist dies eines der Para-
doxe unserer Geschichte. Die Entdeckung und die Eroberung Amerikas waren nicht weniger entscheidend als
die Reformation bei der Gestaltung der Neuzeit; wenn
die Reformation die ethische und soziale Grundlage der
kapitalistischen Entwicklung abgab, öffnete die Conquista der europäischen Expansion Tür und Tor und ermög-
lichte die ursprüngliche Akkumulation von Kapital in bis
dahin unbekannten Ausmaßen. Trotzdem gerieten Spanien und Portugal, die beiden Nationen, die die Epoche
der Expansion einleiteten, schon bald an den Rand der
kapitalistischen Entwicklung und hatten an der Bewegung der Aufklärung nicht teil. Da das Thema die Grenzen dieses Essays sprengen würde, kann ich hier nicht
näher darauf eingehen; es mag genügen, daran zu erinnern, daß sich Spanien seit dem 17. Jahrhundert mehr
und mehr in sich verschloß und daß diese Isolierung allmählich zur Versteinerung führte. Weder die Aktivität
einer kleinen Elite von Intellektuellen, die sich von der
französischen Kultur des 18. Jahrhunderts nährten, noch
die revolutionären Erschütterungen des 19. Jahrhunderts vermochten Spanien zu verändern. Im Gegenteil:
die napoleonische Invasion stärkte den Absolutismus
und den ultramontanen Katholizismus noch.
Auf die geschichtliche Absonderung Spaniens folgte fast
unmittelbar, gegen Ende des 17. Jahrhunderts, ein ra-
scher Niedergang der Poesie und Literatur und ein geisti-
ger Verfall. Warum? Das Spanien des 17. Jahrhunderts
hat große Dramatiker, Romanciers, Lyriker und Theo-

logen hervorgebracht. Es wäre absurd, den nachfolgenden Verfall einer genetischen Mutation zuzuschreiben. Nein, die Spanier sind nicht plötzlich verdummt: jede Generation bringt ungefähr die gleiche Anzahl intelligenter Menschen hervor; was sich ändert, ist das Verhältnis zwischen den Fähigkeiten der neuen Generation und den Möglichkeiten, welche die geschichtlichen und sozialen Umstände bieten. Richtiger scheint mir die Annahme, daß der geistige Verfall Spaniens ein Fall von Autophagie war. Während des 17. Jahrhunderts konnten die Spanier weder die geistigen, moralischen und künstlerischen Gegebenheiten ändern, auf denen ihre Gesellschaft gründete, noch konnten sie an der allgemeinen Entwicklung der europäischen Kultur teilhaben: beides war für etwaige Dissidenten eine tödliche Gefahr. So ist die zweite Hälfte des 17. Jahrhunderts die Periode einer erneuten Kombination von Elementen, Formen und Ideen, einer ständigen Rückkehr zu demselben, um dasselbe zu sagen. Die Ästhetik der Überraschung mündet in das, was Calderón die »Rhetorik des Schweigens« nannte. Eine tönende Leere. Die Spanier zehrten sich selbst auf. Oder wie Sor Juana sagte: sie machten »aus ihrem Verderb ein Monument«.

Als ihre Reserven aufgebraucht waren, blieb den Spaniern nur noch die Möglichkeit der Nachahmung. Die Geschichte jeder Literatur und jeder Kunst, die Geschichte jeder Kultur, kann kategorisiert werden in glückliche Nachahmungen und in unglückliche Nachahmungen. Erstere sind fruchtbar: sie verändern sowohl den Nachahmer als auch das, was er nachahmt; letztere jedoch sind steril. Die spanische Nachahmung des 18. Jahrhunderts gehört zur letzteren Sorte. Das 18. Jahrhundert war ein kritisches Jahrhundert, doch Kritik war in Spanien verboten. Die Übernahme der französischen klassischen

Ästhetik war ein Akt äußerlicher Nachahmung, der die tiefere Wirklichkeit Spaniens nicht veränderte. Die spanische Version der Aufklärung ließ die psychischen Strukturen ebenso unberührt wie die sozialen. Die Romantik war die Reaktion des bürgerlichen Bewußtseins auf und gegen sich selbst – gegen ihr eigenes kritisches Werk: die Aufklärung. In Spanien unterzogen die Bourgeoisie und die Intellektuellen die traditionellen Institutionen nicht der Kritik, oder wenn sie es taten, war diese Kritik unzureichend: wie auch sollten sie eine Moderne kritisieren, die sie nicht hatten? Der Himmel, den die Spanier sahen, war nicht die Ödnis, die Jean Paul und Nerval erschreckte, sondern ein Raum voller süßlicher Jungfrauen, pummeliger Engel, finster dreinblickender Apostel und rachsüchtiger Erzengel – eine Kirmes und ein gnadenloses Gericht. Die spanischen Romantiker rebellierten gegen diesen Himmel, aber ihre Rebellion, historisch gerechtfertigt, war nur dem Anschein nach romantisch. Der spanischen Romantik fehlt, noch spürbarer als der französischen, dieses sonderbare, in der Geschichte der Sensibilität des Okzidents völlig neue Element – dieses duale Element, das wir nur dämonisch nennen können: die Idee der universalen Analogie und die ironische Sicht des Menschen. Die Korrespondenz zwischen allen Welten und, im Zentrum, die ausgebrannte Sonne des Todes.

Die hispanoamerikanische Romantik war noch ärmer als die spanische: der Abglanz eines Abglanzes. Indes gibt es einen geschichtlichen Umstand, der die hispanoamerikanische Dichtung, wenn auch nicht unmittelbar, berührte und sie bestimmte, die Richtung zu ändern. Ich meine die Revolution der Unabhängigkeit. (Eigentlich müßte ich den Plural gebrauchen, denn es waren mehrere, und sie hatten nicht alle die gleiche Bedeutung, doch um die Darlegung nicht zu komplizieren, will ich von ihnen sprechen, als wären sie eine einheitliche Bewegung gewesen.) Unsere Revolution der Unabhängigkeit war die Revolution, die die Spanier nicht hatten – die Revolution, die sie im 19. Jahrhundert mehrmals durchzuführen versuchten, doch die immer wieder scheiterte. Die unsere war eine Bewegung, die ihre Impulse von den großen politischen Archetypen der Moderne bekam: die Französische Revolution und die Revolution der Vereinigten Staaten. Man kann sogar sagen, daß es in dieser Epoche drei große Revolutionen mit ähnlichen Ideologien gegeben hat: die der Franzosen, die der Nordamerikaner und die der Hispanoamerikaner (der Fall Brasiliens ist ein anderer). Obgleich alle drei siegten, waren die Resultate sehr verschieden: die beiden erstgenannten waren fruchtbar und schufen neue Gesellschaften, wohingegen die unsere die Trostlosigkeit geschaffen hat, die unsere Geschichte vom 19. Jahrhundert bis heute regiert. Die Anfänge gleichen einander, unsere Streitkräfte schlugen die spanischen Absolutisten, und am Tage nach der Unabhängigkeit wurden in unseren Ländern republikanische Regierungen gebildet. Dennoch ist die Bewegung gescheitert: weder hat sie unsere Gesellschaften verändert, noch hat sie uns von unseren Befreiern befreit.

Im Unterschied zur nordamerikanischen Revolution der Unabhängigkeit fiel die unsere mit dem extremen Verfall des Mutterlandes zusammen. Zwei Begleitumstände: die Tendenz zur Zerstückelung des Spanischen Reiches, als Folge sowohl des hispanischen Verfalls als auch der napoleonischen Invasion, sowie die Autonomiebestrebungen der hispanoamerikanischen Revolu-

tionäre. Die Unabhängigkeit beschleunigte die Zerstük-
kelung des Reiches. Die Führer der Befreiungsbewegungen, mit wenigen Ausnahmen wie der Bolívars,
nahmen keinen Anstand, sich Länder nach ihrem Maß zu
schneidern: die Grenzen eines jeden neuen Landes reichten so weit, wie die Waffen der Caudillos reichten. Die
Oligarchien und der Militarismus, im Verbund mit ausländischen Mächten und insbesondere mit dem nordamerikanischen Imperialismus, sollten die Atomisierung
Hispanoamerikas vollenden. Die neuen Länder blieben
im übrigen die alten Kolonien: die sozialen Verhältnisse
änderten sich nicht, man verdeckte die Wirklichkeit lediglich mit liberaler und demokratischer Rhetorik. Die
republikanischen Institutionen verbargen, gleich Fassa-
den, die alten Greuel und das alte Elend.
Die Gruppen, die sich gegen die spanische Herrschaft
erhoben, bedienten sich der revolutionären Ideen der
Epoche, aber sie konnten und wollten die Reform der
Gesellschaft nicht durchführen. Hispanoamerika war
ein Spanien ohne Spanien. Sarmiento hat die Situation
genau erfaßt, wenn er sagte: Die hispanoamerikanischen
Regierungen waren die »Testamentsvollstrecker Phi-
lipps II.«. Ein Feudalismus, der sich als bürgerlicher Liberalismus maskiert, ein Absolutismus ohne Monarch,
aber mit Stammeshäuptlingen: die Herren Präsidenten.
So entstand das Reich der Maske, die Herrschaft der
Lüge. Die Korruption der Sprache, die semantische In-
fektion, wurde unsere endemische Krankheit; die Lüge
wurde konstitutionell, konsubstantiell. Deshalb die
Notwendigkeit der Kritik in unseren Ländern. Die philosophische und historische Kritik hat bei uns, außer der
ihr eigenen geistigen Funktion, einen praktischen Nut-
zen: sie ist ein psychologisches Heilverfahren nach Art
der Psychoanalyse, und sie ist eine politische Tat. Wenn

es in Hispanoamerika eine dringende Aufgabe gibt, ist diese Aufgabe die Kritik unserer historischen und politischen Mythologien.

Nicht alle Folgen der Revolution der Unabhängigkeit waren negativ. Zum einen hat sie uns von Spanien befreit; zum anderen hat sie, wo nicht die soziale Wirklichkeit, so doch das Bewußtsein verändert und das spanische System für immer in Verruf gebracht: den monarchischen Absolutismus und den ultramontanen Katholizismus. Die Trennung von Spanien war eine Entsakralisierung: Wesen aus Fleisch und Blut hielten uns nun wach, nicht die Phantome, die den Spaniern den Schlaf raubten. Oder waren es die gleichen Phantome mit anderen Namen? Jedenfalls änderten sich die Namen und mit ihnen die Ideologie der Hispanoamerikaner. Die Trennung von der spanischen Tradition zeigte sich deutlicher in der ersten Hälfte des 19. Jahrhunderts, und in dessen zweiter Hälfte gab es einen tiefen Schnitt. Dieser Schnitt war der Positivismus. In jenen Jahren entdeckten die führenden Schichten und die Intellektuellen Lateinamerikas die positivistische Philosophie, der sie sich mit Begeisterung anschlossen. Wir tauschten die Masken Dantons und Jeffersons gegen die von Auguste Comte und Herbert Spencer. Die Altäre, welche die Liberalen der Freiheit und der Vernunft errichtet hatten, weihten wir der Wissenschaft und dem Fortschritt mitsamt ihren mythischen Schöpfungen: die Eisenbahn und der Telegraph. Zu der Zeit gehen die Wege Spaniens und Lateinamerikas auseinander: bei uns breitet sich der positivistische Kult in einem Maße aus, daß er in Brasilien und in Mexiko zur offiziösen Ideologie, wo nicht gar zur Religion der Regierungen wird; in Spanien suchen die Besten unter den Dissidenten eine Antwort auf ihre Besorgnisse in den Lehren eines dunklen deutschen idealistischen Denkers,

Karl Christian Friedrich Krause. Die Trennung konnte vollkommener nicht sein.

Der Positivismus in Lateinamerika war nicht, wie in Europa, die Ideologie einer am industriellen und sozialen Fortschritt interessierten liberalen Bourgeoisie, sondern einer Oligarchie von Großgrundbesitzern. Gewissermaßen war er eine Mystifizierung – eine Selbsttäuschung und eine Täuschung. Zugleich war er eine radikale Kritik der Religion und der traditionellen Ideologie. Der Positivismus machte tabula rasa sowohl mit der christlichen Mythologie als auch mit der rationalistischen Philosophie. Das Ergebnis könnte man die Demontage der Metaphysik und der Religion im Bewußtsein der Menschen nennen. Seine Wirkung ähnelte jener der Aufklärung im 18. Jahrhundert; die gebildeten Schichten Lateinamerikas erlebten eine Krise, die in etwa jener vergleichbar war, die ein Jahrhundert zuvor die Europäer durchgemacht hatten: der Wissenschaftsglaube vermischte sich mit der Sehnsucht nach den alten religiösen Gewißheiten, der Fortschrittsglaube mit dem Schwindelgefühl angesichts des Nichts. Das war nicht schon die Moderne, aber ihr bitterer Vorgeschmack: die Vision des entvölkerten Himmels, der Schauder vor der Kontingenz.

Gegen 1880 entsteht in Hispanoamerika die literarische Bewegung, die wir Modernismo nennen. Hier ist eine kurze Erläuterung angebracht: Der hispanoamerikanische Modernismo ist bis zu einem gewissen Grade ein Äquivalent des Parnasse und des französischen Symbolismus, hat somit nichts zu tun mit dem, was im Englischen *modernism* genannt wird. Letzterer bezeichnet die literarischen und künstlerischen Bewegungen, die im zweiten Jahrzehnt des 20. Jahrhunderts entstehen; was die nordamerikanischen und englischen Kritiker *modernism* nennen, ist eben das, was in Frankreich und in den hispanischen Ländern Avantgarde genannt wird. Um Verwechslungen zu vermeiden, werde ich das spanische Wort Modernismo gebrauchen, wenn ich mich auf die hispanoamerikanische Bewegung beziehe; spreche ich von der angloamerikanischen dichterischen Bewegung des 20. Jahrhunderts, werde ich das englische Wort *modernism* verwenden.

Der Modernismo war die Antwort auf den Positivismus, war die Kritik der Sensibilität und des Herzens – auch der Nerven – gegenüber dem Empirismus und dem positivistischen Szientismus. In dieser Hinsicht war seine geschichtliche Funktion ähnlich jener der romantischen Reaktion zu Beginn des 19. Jahrhunderts. Der Modernismo war unsere wahre Romantik, und diese unsere Version war, wie im Falle des französischen Symbolismus, keine Wiederholung, sondern eine Metapher: eine *andere* Romantik. Der Konnex zwischen dem Positivismus und dem Modernismo ist geschichtlicher und psychologischer Art. Um zu verstehen, worauf diese Beziehung beruht, muß man sich klarmachen, daß der lateinamerikanische Positivismus weniger eine wissenschaftliche Methode als eine Ideologie, ein Glaube war. Sein Einfluß auf die Entwicklung der Wissenschaft in unseren Ländern war wesentlich geringer als seine Macht über den Geist und die Sensibilität der intellektuellen Gruppen. Unsere Kritik war blind gegenüber der widersprüchlichen Dialektik, die Positivismus und Modernismo verbindet, und daher will sie im letzteren lediglich eine literarische Richtung sehen und insbesondere einen kosmopolitischen und eher oberflächlichen Stil. Nein, der Modernismo war ein Geisteszustand. Oder genauer: weil er eine Antwort der Imagination und der Sensibilität auf den Positivismus und dessen kühle Sicht der Wirklichkeit war, weil er ein Geisteszustand war, konnte er eine echte dichterische Bewegung sein. Die einzige von allen spanischsprachigen Bewegungen im 19. Jahrhundert, die diesen Namen verdient. Oberflächlich waren die Kritiker, die im Superfiziellen und im Kosmopolitismus der modernistischen Dichter nicht die Zeichen (die Stigmen) der geistigen Entwurzelung zu sehen vermochten.

Auch hat uns die Kritik nicht ganz erklären können, warum die modernistische Bewegung, die als eine Adaption der französischen Dichtung beginnt, in Hispanoamerika früher entsteht als in Spanien. Gewiß waren und sind wir Hispanoamerikaner für das, was in der Welt geschieht, empfänglicher als die Spanier, sind wir unserer Tradition und unserer Geschichte weniger verhaftet. Doch diese Erklärung ist in jeder Hinsicht unzulänglich. Liegt es an mangelnder Information bei den Spaniern? Es fehlte ihnen wohl eher das *Bedürfnis*. Seit der Unabhängigkeit und zumal seit der Übernahme des Positivismus war das System der geistigen Anschauungen der Hispanoamerikaner ein anderes als das der Spanier: andere Traditionen verlangen andere Antworten. Bei uns war der Modernismo die notwendige widersprüchliche Antwort auf die geistige Leere, welche die positivistische Kritik der Religion und der Metaphysik hinterlassen hatte; es war nur natürlich, daß sich die hispanoamerikanischen Dichter von der französischen Dichtung dieser Epoche angezogen fühlten und in ihr nicht nur eine neue Sprache, sondern auch eine Sensibilität und eine Ästhetik entdeckten, die von der analogischen Sehweise der romantischen und okkultistischen Tradition geprägt waren. In Spanien dagegen war der rationalistische Deismus Krauses weniger eine Kritik der Religion als ein Religionsersatz – eine ängstliche philosophische Religion für liberale Dissidenten –, und deshalb hatte der Modernismo nicht die ausgleichende Funktion, die er in Hispanoamerika gehabt hat. Als der hispanoamerikanische Modernismo schließlich Spanien erreicht, verwechseln ihn einige mit einer aus Frankreich importierten bloßen literarischen Mode, und dieses Mißverständnis, das Unamuno zuzuschreiben ist, führte zu der Meinung, die hispanoamerikanischen modernistischen Dichter seien oberflächlich; andere, wie Juan Ramón Jiménes und Antonio Machado, bringen den Modernismo sogleich in Beziehung zu der geistigen Tradition, die bei den intellektuellen Dissidenten-Gruppen herrscht. In Spanien war der Modernismo keine Sicht der Welt, sondern eine Sprache, die von einigen spanischen Dichtern verinnerlicht und verwandelt wurde.[2]

Zwischen 1880 und 1890 initiierten eine Handvoll junger Männer, fast ohne einander zu kennen und auf dem ganzen Kontinent verstreut – Havanna, México, Bogotá, Santiago de Chile, Buenos Aires, New York –, den großen Wandel. Das Zentrum dieser Dispersion war Rubén Darío: Verbindungsmann, Sprecher und Motor der Bewegung. Seit 1888 gebraucht Darío zur Bezeichnung der neuen Bestrebungen das Wort Modernismo. Modernismo: der Mythos der Moderne, oder vielmehr ihr Wunschbild. Was heißt modern sein? Es heißt, sein Haus, seine Heimat, seine Sprache verlassen auf der Suche nach etwas, das undefinierbar und unerreichbar ist, da es mit dem Wandel verschmilzt. »Il court, il cherche. Que cherche-t-il?« fragt sich Baudelaire. Und er sagt sich: »Il cherche quelque chose qu'on nous permettra d'appeler la *modernité*.«[*] Aber Baudelaire gibt uns keine

[*] Charles Baudelaire, »Le peintre de la vie moderne« (1863), *Curiosités esthétiques*.

Definition dieser nicht greifbaren Modernität und sagt nur, daß es »l'élément particulier de chaque beauté« ist. Dank der Modernität gibt es nicht nur *eine* Schönheit, sondern mehrere. Modernität ist das, was die heutigen Werke von den gestrigen unterscheidet, was sie verschiedenartig und einzigartig macht. Deshalb ist das Schöne immer »bizarr«. Modernität ist eben das Element, das die Schönheit, indem es sie singulär macht, belebt. Aber diese Belebung ist eine Verurteilung zum Tode. Wenn Modernität das Transitorische, das Singuläre, das Einzigartige und das Fremdartige ist, ist sie das Merkmal des Todes. Die Modernität, die die jungen Dichter am Ausgang des Jahrhunderts begeisterte, ist eine völlig andere als jene, die ihre Väter begeistert hatte; weder heißt sie Fortschritt, noch sind ihre Manifestationen die Eisenbahn und der Telegraph: sie heißt Pracht, und ihre Zeichen sind nutzlose und schöne Gegenstände. Die Modernität der Modernisten ist eine Ästhetik, in der sich die Hoffnungslosigkeit mit dem Narzißmus und die Form mit dem Tod verbindet. Das *Bizarre* ist eine der Verkörperungen der romantischen Ironie.

Die Ambivalenz der Romantiker und der Symbolisten gegenüber der modernen Ära taucht bei den hispanoamerikanischen Modernisten wieder auf. Ihre Vorliebe für die Pracht und den nutzlosen Gegenstand ist eine Kritik der Welt, in der zu leben ihnen beschieden ist, aber diese Kritik ist auch eine Huldigung. Indes gibt es einen grundlegenden Unterschied zwischen den Europäern und den Hispanoamerikanern: Wenn Baudelaire sagt, Fortschritt ist »eine groteske Idee«, oder wenn Rimbaud den Industrialismus denunziert, sind ihre Erfahrungen mit dem Fortschritt und der Industrie real, unmittelbar, wohingegen die der Hispanoamerikaner nur mittelbar sind. Die einzige Erfahrung mit dem modernen Zeitalter, die ein Hispanoamerikaner zu jener Zeit haben konnte, war die des Imperialismus. Die Wirklichkeit unserer Nationen war nicht modern: es gab keine Industrie, keine Demokratie und keine Bourgeoisie, es gab feudale Oligarchien und Militarismus. Die Modernisten waren auf eben das angewiesen, was sie verabscheuten, und so schwankten sie zwischen Rebellion und Opportunismus. Einige, wie José Martí, waren unbestechlich und wurden zu Opfern; andere, wie der arme Darío, schrieben Oden und Sonette auf Bestien und Bonzen mit Epauletten. Die lateinamerikanischen Präsidenten am Ausgang des Jahrhunderts waren blutgierige Potentaten mit einem Hofstaat bettelarmer Poeten. Doch wir, die wir gesehen und gehört haben, wie viele Dichter des Okzidents auf französisch und spanisch die Heldentaten Stalins besangen, können Darío verzeihen, der ein paar Strophen zu Ehren der mittelamerikanischen Tyrannen Zelaya und Estrada Cabrera geschrieben hat.

Als antimoderne Moderne, als zwiespältige Rebellion war der Modernismo ein Antitraditionalismus und, in seiner ersten Phase, ein Antipurismus: die Negation einer gewissen spanischen Tradition. Ich sage einer gewissen, denn in einer zweiten Phase entdeckten die Modernisten die andere, die wahre spanische Tradition. Ihre Nachahmung des französischen Stils war ein Kosmopolitismus: für sie war Paris mehr als die Hauptstadt einer Nation, es war das Zentrum einer Ästhetik. Durch ihren Kosmopolitismus entdeckten sie andere Literaturen und werteten unsere indigene Vergangenheit auf. Die Verherrlichung der prähistorischen Welt war durchaus ästhetisch, aber sie war noch mehr: eine Kritik der Moderne und insbesondere des Fortschritts im nordamerikanischen Stil. Der Fürst Netzahualcóyotl versus Edison. Auch darin folgten sie Baudelaire, der den Fortschrittsgläubigen als einen »pauvre homme américanisé par des philosophes zoocrates et industriels« beschrieben hatte. Die Rückgewinnung der indigenen Welt, und später der spanischen Vergangenheit, war ein Gegengewicht zu der Bewunderung, der Furcht und dem Zorn, die die Vereinigten Staaten und ihre Politik der Vorherrschaft in Lateinamerika hervorriefen. Bewunderung angesichts der Ursprünglichkeit und der Kraft der nordamerikanischen Kultur; Furcht und Zorn gegenüber der wiederholten Einmischung der Vereinigten Staaten in das Leben unserer Länder. Ich habe mich bereits in anderen Studien mit diesem Phänomen befaßt*; hier möchte ich lediglich darauf hinweisen, daß sich der Antiimperialismus der Modernisten nicht auf eine politische und ökonomische Ideologie gründete, sondern auf die Anschauung, daß Lateinamerika und das Amerika englischer Sprache zwei verschiedene und wahrscheinlich unversöhnliche Versionen der Zivilisation des Okzidents darstellen. Für die Modernisten war der Konflikt kein Kampf zwischen Klassen oder Wirtschafts- und Gesellschaftssystemen, sondern zwischen zwei Vorstellungen von der Welt und vom Menschen.

Die Romantiker hatten eine zaghafte Reform des spanischen Verses begonnen, aber es waren die Modernisten, die sie dank ihrer Rigorosität vollendeten. Die Revolution der Metrik durch die Modernisten war ebenso radikal und einschneidend wie jene Garcilasos und der Nachahmer der italienischen Dichtung im 16. Jahrhundert, wenngleich im umgekehrten Sinne. Entgegengesetzte und unvorhersehbare Folgen der beiden ausländischen Einflüsse, des italienischen im 16. Jahrhundert und des französischen im 19. Jahrhundert: im einen Fall

* *Cuadrivio*, México 1965; *Posdata*, México 1970.

siegte das quantitierende Versmaß, während im anderen ständiges Experimentieren mit dem Rhythmus traditionelle Metren wiederaufkommen ließ und insbesondere dazu führte, daß der akzentuierende Vers wiederauflebte. Es ist unmöglich, hier ein Resümee der Entwicklung des Metrums in unserer Sprache zu geben, weshalb ich mich auf eine Aufzählung beschränke: Der ursprüngliche spanische Vers ist, was das Silbenmaß angeht, unregelmäßig, und was ihm die rhythmische Einheit gibt, sind die vom Akzentfall betonten prosodischen Klauseln; mit dem Auftreten der mittelalterlichen »Klerikerdichtung« wird das Prinzip der regelmäßigen Quantität eingeführt, das wahrscheinlich französischen Ursprungs ist, und es kommt zu einem heftigen Widerstreit zwischen Gleichsilbigkeit (regelmäßig quantitierender Vers) und Ametrie (akzuentuierender Vers); in der »Gaya ciencia« genannten Periode – höfische Dichtung späten provenzalischen Einflusses – ist in den kurzen Metren bereits die Regelmäßigkeit vorherrschend, nicht jedoch im *arte mayor* genannten Vers, dessen Maß schwankend ist; im 16. Jahrhundert siegt der regelmäßig quantitierende Vers, und der Elfsilber italienischer Art verdrängt den *arte mayor*; die folgenden Perioden bis zum 18. Jahrhundert akzentuieren die Gleichsilbigkeit; mit der Romantik beginnt die Tendenz zur metrischen Unregelmäßigkeit, die im Modernismo und in unserer Epoche ihren Höhepunkt erreicht. Diese kurze Rekapitulation zeigt, daß die modernistische Revolution eine Rückkehr zu den Ursprüngen war. Durch ihren Kosmopolitismus fanden die Modernisten zurück zur wahren spanischen Tradition: dem rhythmischen alternierenden Vers.

Ich habe bereits auf den Zusammenhang zwischen akzentuierendem Versmaß und analogischer Sicht der Welt hingewiesen. Die neuen Rhythmen der Modernisten bewirkten das Wiederauftauchen des ursprünglichen rhythmischen Prinzips der Sprache; seinerseits koinzidierte dieses Wiederaufleben des alten Metrums mit dem Entstehen einer neuen Sensibilität, die sich schließlich als eine Rückkehr zu der *anderen* Religion, der Analogie, erwies. *Tout se tient.* Der dichterische Rhythmus ist lediglich die Manifestation des universalen Rhythmus. Alles korrespondiert, denn alles ist Rhythmus. Sehen und Hören verbinden sich; das Auge sieht, was das Ohr hört: den Akkord, das Zusammenspiel der Welten. Verschmelzung des sinnlich Wahrnehmbaren mit dem Intelligiblen: der Dichter hört und sieht, was er denkt. Mehr noch: er denkt in Klängen und Visionen. Erste Folge dieser Anschauungen ist die Erhebung des Dichters zur Würde des Initiierten: wenn er die Welt wie eine Sprache *hört*, dann *spricht* aus ihm auch die Welt. In den Worten des Dichters hören wir die Welt, den universalen Rhythmus. Aber das Wissen des Dichters ist ein verbotenes Wissen, und sein Priesteramt ist sakrilegisch: seine Worte lösen das Christentum, auch wenn sie es nicht ausdrücklich negieren, in Glaubensanschauungen auf, die umfassender und älter sind. Das Christentum ist lediglich eine der Kombinationen des Weltrhythmus. Jede dieser Kombinationen ist einzigartig, und alle sagen das gleiche. Das Leiden Christi ist, wie mehrere Gedichte von Darío eindeutig zum Ausdruck bringen, lediglich ein momentanes Bild im Kreislauf der Zeitalter und der Mythologien. Die Analogie bejaht die zyklische Zeit und mündet in den Synkretismus. Diese nicht-christliche, bisweilen antichristliche, aber von einer seltsamen Religiosität gefärbte Note war in der hispanischen Dichtung völlig neu.

Der Einfluß der okkultistischen Tradition war bei den hispanoamerikanischen Modernisten nicht weniger stark als bei den deutschen Romantikern und den französischen Symbolisten. Obgleich unsere Kritik um diesen Einfluß weiß, ist sie kaum auf ihn eingegangen, so als handle es sich um etwas Beschämendes. Ja, es ist skandalös, aber wahr: von Blake bis Yeats und Pessoa ist die Geschichte der modernen Dichtung des Okzidents verknüpft mit der Geschichte der hermetischen Geheimlehren von Swedenborg bis Madame Blavatsky. Wir wissen, daß der Abbé Constant, alias Eliphas Lévi, entscheidenden Einfluß hatte nicht nur auf Victor Hugo, sondern auch auf Rimbaud. Die Affinitäten zwischen Fourier und Lévi, sagt André Breton, sind beträchtlich und erklären sich damit, daß beide »einer unermeßlichen geistigen Strömung angehören, die wir seit dem Sohar verfolgen können und die sich in den Illuminatenorden des 18. und 19. Jahrhunderts verzweigt. Man begegnet ihr wieder an der Basis der idealistischen Systeme, auch bei Goethe und gemeinhin bei all jenen, die sich weigern, als Ideal der Unifizierung der Welt die mathematische Gleichheit zu akzeptieren«.* Wir alle wissen, daß sich die hispanoamerikanischen Modernisten – Darío, Lugones, Nervo, Tablada – für die okkultistischen Autoren interessierten: Warum hat unsere Kritik nie auf die Beziehung zwischen dem Illuminatentum und der analogischen Sehweise sowie zwischen dieser letzteren und der Reform des Metrums hingewiesen? Ängstliche Rationalisten oder ängstliche Christen? Jedenfalls ist die Beziehung nicht zu übersehen. Der Modernismo begann als eine Suche nach dem verbalen Rhythmus und erreichte seinen Höhepunkt in der Sicht der Welt als Rhythmus.

Die Anschauungen Rubén Daríos schwankten, nach einem oft zitierten Bild eines seiner Gedichte, »zwischen der Kathedrale und den heidnischen Ruinen«. Ich wage

* *Arcane 17*, Paris 1947.

es zu modifizieren: zwischen den Ruinen der Kathedrale und dem Heidentum. Die Glaubensanschauungen Daríos und der meisten modernistischen Dichter sind nicht so sehr Überzeugungen als vielmehr die Suche nach einem Glauben, und sie entwickeln sich angesichts einer durch die kritische Vernunft und den Positivismus verwüsteten Landschaft. In diesem Zusammenhang meint Heidentum nicht nur das griechisch-römische Altertum und dessen Ruinen, sondern auch ein lebendiges Heidentum: einerseits den Körper und andererseits die Natur. Analogie und Körper sind zwei Extreme derselben Naturbejahung. Diese Bejahung steht im Gegensatz sowohl zum positivistischen und szientistischen Materialismus als auch zum christlichen Spiritualismus. Der andere Glaube der Modernisten ist nicht das Christentum, sondern dessen Überreste: die Idee der Sünde, das Bewußtsein des Todes, das Wissen, in dieser und in der anderen Welt gescheitert und verbannt zu sein, das Sichbetrachten als ein kontingentes Wesen in einer kontingenten Welt. Kein System von Glaubensanschauungen, sondern Bruchstücke und Obsessionen.

Die Tragikomödie des Modernismo besteht in dem Dialog zwischen Körper und Tod, Analogie und Ironie. Wenn wir die psychologischen und metaphysischen Begriffe dieser Tragikomödie in die Sprache der Metrik übersetzen, haben wir es nicht zu tun mit dem Gegensatz zwischen quantitierendem und akzentuierendem Vers, sondern mit dem stärkeren und radikaleren Gegensatz zwischen Vers und Prosa. Die Analogie ist durch die Ironie ständig gespalten, und der Vers durch die Prosa. Das von Baudelaire geliebte Paradox taucht wieder auf: unter dem Make-up der Mode die Grimasse des Totenkopfes.

Die moderne Kunst weiß, daß sie sterblich ist, und darin besteht ihre Modernität. Der Modernismo wird modern, wenn er sich seiner Sterblichkeit bewußt wird, das heißt, wenn er sich nicht ernst nimmt, wenn er dem Vers eine Dosis Prosa injiziert und Dichtung mit der Kritik der Dichtung macht. Die ironische Note, bewußt antipoetisch und eben darum in stärkerem Maße poetisch, taucht genau in dem Augenblick auf, da der Modernismo seinen Höhepunkt erreicht (*Cantos de vida y esperanza*, 1905), und sie ist fast immer verbunden mit dem Bild des Todes. Aber nicht Darío, sondern Leopold Lugones ist es, der die zweite modernistische Revolution initiiert. Mit Lugones zieht Laforgue in die hispanische Dichtung ein: der Symbolismus in seiner antisymbolistischen Phase. (Zwei Bücher: *Crepúsculos del jardín*, 1903 und *Lunario sentimental*, 1909)

Unsere Kritik nennt die neue Richtung »Postmodernismo«. Die Bezeichnung ist nicht ganz zutreffend. Der angebliche Postmodernismo kam nicht nach dem Modernismo – da kam die *Avantgarde* –, er ist vielmehr eine Kritik des Modernismo innerhalb des Modernismo. Als individuelle Reaktion verschiedener Dichter beginnt mit ihr keine andere Bewegung: mit ihr endet der Modernismo. Diese Dichter sind sein kritisches Bewußtsein, das Bewußtsein seiner Vollendung. Es handelt sich um eine Richtung *innerhalb* des Modernismo: die charakteristischen Merkmale dieser Dichter – die Ironie, die Umgangssprache – finden sich schon bei Darío und anderen Modernisten. Außerdem gibt es, chronologisch gesehen, buchstäblich keinen Zeitraum für diese Pseudobewegung: wenn der Modernismo gegen 1918 zu Ende geht und zur gleichen Zeit die Avantgarde beginnt, wo soll man die Postmodernisten unterbringen?

Trotzdem war der Wandel bemerkenswert. Kein Wan-

del von Werten, sondern von Haltungen. Hatte der Modernismo das Meer mit Tritonen und Sirenen bevölkert, so reisen die neuen Dichter auf Dampfschiffen und gehen nicht in Cythera an Land, sondern in Liverpool; die Gedichte sind nicht länger Gesänge auf vergangene oder gegenwärtige Metropolen, sondern eher bittere und verhaltene Beschreibungen der Viertel des Mittelstandes; das Land ist weder der Urwald noch die Wüste, sondern der ländliche Vorort mit seinen Gärten, seinem Priester und seiner Nichte, seinen Mädchen so »frisch und bescheiden wie bescheidener Kohl«. Ironie und Banalität: die Erschließung des alltäglichen Wunderbaren, des wunderbaren Alltäglichen. Für Darío sind die Dichter »Türme Gottes«; López Velarde sieht sich allein durch eine Gasse gehen und mit sich selbst reden: der Dichter als ein armer Teufel, feinnervig und grotesk, eine Art Charlie Chaplin *avant la lettre*. Ästhetik des Unbedeutenden und Geringfügigen, dessen, was einen direkt umgibt und angeht, des Vertrauten. Die große Entdeckung: die geheimen Kräfte der Umgangssprache. Diese Entdeckung war besonders dienlich den Vorhaben Lugones' und López Velardes: aus dem Gedicht eine »psychologische Gleichung« machen, einen Dialog, in dem Reflexion und lyrische Sprache, Gesang und Ironie, Prosa und Vers sich vermischen und sich trennen, einander reflektieren und sich erneut vermischen. Bruch mit dem Liedhaften: das Gedicht als eine stockend gesprochene Konfession, der Gesang unterbrochen von Pausen und Lücken. López Velarde hat es klar und deutlich gesagt: »Die poetische Methode ist zu einer kritischen Methode geworden.« Man sollte hinzufügen: Kritik und Glut, der in ein ungewöhnliches Bild verwandelte Gemeinplatz.
Aus bestimmten Gründen, die ich weiter oben genannt habe, konnten die spanischen Dichter – außer Valle-In-

clán, der darin, wie in vielen anderen Dingen, einzigartig war – nicht empfänglich sein für das, was die wahre und geheime Originalität des Modernismo ausmachte: die von den Romantikern und Symobolisten ererbte analogische Sehweise. Dagegen machten sie sich die neue Sprache, die Rhythmen und die metrischen Formen sofort zu eigen. Unamuno verschloß die Augen vor diesen blendenden Neuheiten, die er für trivial hielt – er verschloß die Augen, aber nicht die Ohren: in seinen Versen tauchen die von den Modernisten neuentdeckten Metren wieder auf. Unamunos Ablehnung gehört indes auch zum Modernismo: er stellt sich nicht *jenseits* von Darío und Lugones, sondern ihnen *gegenüber*. In seiner Ablehnung findet Unamuno den Ton seiner dichterischen Stimme, und in dieser Stimme findet Spanien den großen romantischen Dichter, den es im 19. Jahrhundert nicht gehabt hat. Obgleich Unamuno der Vorläufer der Modernisten hätte sein müssen, war er ihr Zeitgenosse und ihr komplementärer Gegner. Poetische Gerechtigkeit.

Zwischen dem spanischen Modernismo im eigentlichen Sinne – ich denke vor allem an Antonio Machado und Juan Ramón Jiménez, nicht an die Epigonen Daríos – und dem sogenannten hispanoamerikanischen Postmodernismo gibt es mehr als einen Berührungspunkt: Kritik der stereotypen Haltungen und der preziösen Klischees, Abneigung gegen die in falscher Weise verfeinerte Sprache, Zurückhaltung gegenüber einem Symbolismus aus dem Antiquitätengeschäft, Suche nach einer essentiellen Poesie. Es gibt eine erstaunliche Affinität zwischen dem bewußt verwendeten Kolloquialismus von Lugones und López Velarde und einigen Gedichten des ersten Buches von Antonio Machado (*Soledades*, zweite Ausgabe 1907). Doch bald trennen sich die Wege: Den spanischen Dichtern ist weniger daran gelegen, die poetischen

Kräfte der Umgangssprache zu erforschen – die Musik der Konversation, sagte Eliot – als das traditionelle Lied zu erneuern. Die beiden großen spanischen Dichter jener Zeit verwechselten die *gesprochene Sprache* immer mit der *Volks*dichtung. Letztere ist eine romantische Fiktion (die »Volkslieder« bei Herder) oder ein literarisches Relikt; erstere ist eine Realität: die lebendige Sprache der modernen Städte mit ihren Barbarismen, modischen Manierismen, Neologismen. Der spanische Modernismo koinzidiert anfänglich mit der hispanoamerikanischen postmodernistischen Reaktion auf die literarische Sprache des ersten Modernismo; in einer zweiten Phase löst sich diese Koinzidenz auf in eine Rückkehr zur spanischen Dichtungstradition: die Kanzone, die Romanze, die Copla. Die Spanier bestätigen auf diese Weise den romantischen Charakter des Modernismo, doch zugleich verschließen sie sich der Poesie des modernen Lebens. In eben diesen Jahren schrieb Pessoa als sein Heteronym Álvaro de Campos:

Venham dizer-me que não há poesia no comércio, nos
    escritórios!
Ora, ela entra por todos os poros ... Neste ar marítimo
    respiro-a,
Porque tudo isto vem a propósito dos vapores, da nave-
    gação moderna,
Porque as facturas e as cartas comerciais são o princípio
    da história
E os navios que levam as mercadorias pelo mar eterno são
    o fim.

Kommt nur und sagt, es gäb' keine Poesie im Handel und
    in den Büros!
Ihr Narren! Sie dringt ja durch alle Poren ein! ... In
    dieser Meeresluft atme ich sie,

weil dies alles sich auf Dampfer und moderne Seefahrt
    bezieht,
weil Rechnungen und Geschäftsbriefe der Anfang der
    Geschichte
und Schiffe, die Waren über ewige Meere tragen, ihr
    Ende sind.*

Derselbe Álvaro de Campos verschrieb in einem anderen
Gedicht das neue poetische Rezept: »Ein bißchen Wahrheit und ein Aspirin«. – Wenn der Anfang das Ende
enthält, dann gibt ein Gedicht von José Martí, einer
der Initiatoren des Modernismo, ein Resümee der ganzen Bewegung und kündigt zugleich die zeitgenössische
Dichtung an. Das Gedicht wurde kurz vor seinem Tode
(1895) geschrieben und bezieht sich auf diesen als ein
notwendiges und, in gewisser Weise, ersehntes Opfer:

> Dos patrias tengo yo: Cuba y la noche.
> ¿ O son una las dos? No bien retira
> su majestad el sol, con largos velos
> y un clavel en la mano, silenciosa
> Cuba cual viuda triste me aparece.
> ¿ Yo sé cuál es ese clavel sangriento
> que en la mano le tiembla! Está vacío
> me pecho, destrozado está y vacío
> en donde estaba el corazón. Ya es hora
> de empezar a morir. La noche es buena
> para decir adiós. La luz estorba
> y la palabra humana. El universo
> habla mejor que el hombre.
>   Cual bandera
> que invita a batallar, la llama roja

* Aus »Meeres-Ode« (Übersetzung von Georg Rudolf Lind).

de la vela flamea. Las ventanas
abro, ya estrecho en mí. Muda, rompiendo
las hoja del clavel, como una nube
que enturbia el cielo, Cuba, viuda, pasa ...

Zwei Heimatländer habe ich: Cuba und die Nacht.
Oder sind die beiden eines? Sobald die Sonne
ihre Majestät verbirgt, mit langen Schleiern
und einer Nelke in der Hand, schweigsam
zeigt sich mir Cuba, als traurige Witwe.
Ich weiß, welche blutige Nelke es ist,
die in der Hand ihr zittert! Meine Brust
ist leer, verwüstet und leer ist,
wo das Herz war. Es ist an der Zeit,
mit dem Sterben zu beginnen. Die Nacht ist
      günstig,
um Abschied zu nehmen. Das Licht stört
und das menschliche Wort. Das Universum
spricht besser als der Mensch.
                 Wie eine Fahne,
die zum Kämpfen ermuntert, flackert die rote
Flamme der Kerze. Ich öffne die Fenster,
so eng ist's in mir. Stumm, die Blätter
der Nelke zerpflückend, wie eine Wolke
den Himmel trübt, geht Cuba, die Witwe, dahin ...

Ein Gedicht ohne Reime in elfsilbigen Versen, gebro-
chen durch die Pausen der Reflexion, das Schweigen, den
menschlichen Atem und den Atem der Nacht. Monolog-
Gedicht, das das Liedhafte vermeidet, ein stockender
Fluß, fortwährende gegenseitige Durchdringung von
Vers und Prosa. Alle großen romantischen Themen tauchen in diesen wenigen Versen auf: die zwei Heimatlän-

der und die zwei Frauen, die Nacht als eine einzige Frau und ein einziger Abgrund. Der Tod, die Erotik, das revolutionäre Feuer, die Poesie: all das birgt die Nacht, die Große Mutter. Mutter der Erde, aber auch Sexus und gemeinsames Wort. Der Dichter erhebt die Stimme nicht: er spricht mit sich selbst, wenn er mit der Nacht und der Revolution spricht. Weder Selbstmitleid noch Eloquenz: »Es ist an der Zeit,/ mit dem Sterben zu beginnen. Die Nacht ist günstig,/ um Abschied zu nehmen.« Die Ironie verwandelt sich in Hinnahme des Todes. Und im Zentrum des Gedichts, wie ein Herz, das das Herz der ganzen Dichtung dieser Epoche sein könnte, ein erhabener Satz zwischen zwei Versen, schwebend in einer Pause, um sein Gewicht noch mehr zu betonen – ein Satz, den kein anderer Dichter unserer Sprache vorher hätte schreiben können (weder Garcilaso noch San Juan de la Cruz, weder Góngora noch Quevedo, noch Lope de Vega), weil sie alle besessen waren von dem Phantom des christlichen Gottes und sich einer gefallenen Natur gegenüber sahen – ein Satz, der all das zusammenfaßt, was ich über die Analogie habe sagen wollen: *Das Universum/ spricht besser als der Mensch.*

VI
Der Kreis schließt sich

1. Revolution/Eros/Meta-Ironie

Immer wieder hat man die Ähnlichkeit zwischen der Romantik und der Avantgarde hervorgehoben. Beide sind jugendliche Bewegungen; beide sind Rebellionen gegen die Vernunft, ihre Konstruktionen und ihre Werte; in beiden nehmen der Körper, seine Passionen und seine Visionen – Erotik, Traum, Inspiration – einen zentralen Platz ein; beide sind Versuche, die sichtbare Wirklichkeit zu zerstören, um eine andere zu finden oder zu erfinden – eine magische, übernatürliche, überwirkliche. Zwei große geschichtliche Ereignisse faszinieren sie und zerreißen sie innerlich: die Französische Revolution (der jakobinische Terror und die napoleonische Herrschaft) die Romantik; die Russische Revolution (die Säuberungen und der bürokratische Cäsarismus Stalins) die Avantgarde. In beiden Bewegungen verteidigt sich das Ich gegen die Welt und rächt sich mit der Ironie oder dem Humor – Waffen, die auch den vernichten, der sie benutzt; in beiden, schließlich, negiert und behauptet sich die Moderne. Nicht nur die Kritiker, sondern auch die Künstler selbst fühlten diese Affinität und waren sich ihrer bewußt. Die Futuristen, die Dadaisten, die Ultraisten, die Surrealisten, alle wußten, daß ihre Negation der Romantik ein romantischer Akt war, der sich in die Tradition einfügte, welche die Romantik inauguriert hatte: die Tradition, die sich selbst negiert, um fortzubestehen, die Tradition des Bruchs. Indes hat keiner von ihnen die besondere und wirklich einzigartige Beziehung der Avantgarde zu den ihr voraufgehenden dichterischen Bewegungen erkannt. Alle waren sich der Paradoxie ihrer Negation bewußt: indem sie die Vergangenheit negierten, setzten sie diese fort und bestätigten sie damit; keiner hat bemerkt, daß im Unterschied zur Romantik, deren Negation diese Tradition geschaffen hat, die Negation der Avantgarde diese Tradition beendete. Die Avantgarde ist der große Bruch, und mit ihr endet die Tradition des Bruchs.

Die größte Ähnlichkeit zwischen der Romantik und der Avantgarde besteht in dem Bestreben, Leben und Kunst zu vereinigen. Wie die Romantik war auch die Avantgarde nicht lediglich eine Ästhetik und eine Sprache; sie war eine Erotik, eine Politik, eine Weltsicht, eine Aktion: ein Lebensstil. Die Ambition, die Wirklichkeit zu verändern, taucht sowohl bei den Romantikern als auch in der Avantgarde auf, und in beiden Fällen teilt sie sich in entgegengesetzte, aber voneinander untrennbare Richtungen: die Magie und die Politik, die religiöse und die revolutionäre Versuchung. Trotzki schätzte die Kunst und die Dichtung der Avantgarde, aber er konnte nicht verstehen, daß sich André Breton von der okkultistischen Tradition angezogen fühlte. Bretons Glaubensanschauungen waren nicht weniger seltsam und antirationalistisch als die Jessenins. Als letzterer Selbstmord beging, veröffentlichte Trotzki einen Artikel, der von seiner Erschütterung zeugte: »Unsere Zeit ist hart, vielleicht eine der härtesten in der Geschichte der sogenannten zivilisierten Menschheit. Der Revolutionär ist besessen von einer rasenden *Vaterlandsliebe* zu dieser Epoche, die sein Vaterland in der Zeit ist. Jessenin war kein Revolutionär – er war ein verinnerlichter Lyriker. Unsere Epoche jedoch ist nicht lyrisch. Das ist der Hauptgrund, weshalb Sergej Jessenin, aus freiem Willen und so früh, uns und unsere Zeit verlassen hat« (*Prawda*, 19. Januar 1926). Vier Jahre später hat auch Majakowski, der kein »verinnerlichter Lyriker« war, der von der revolutionären Raserei der Zeit besessen war, Selbstmord begangen, und Trotzki mußte wieder einen Artikel schreiben – diesmal in der russischen »Zeitschrift der linkskommunistischen Opposition« (Mai 1930), erschienen im türkischen Exil.

Der Widerspruch zwischen der Epoche und der Dichtung, dem revolutionären Geist und dem poetischen Geist, ist größer und tiefer, als Trotzki dachte. Der Fall Rußlands ist nicht exzeptionell, sondern outriert. Dort hat der Widerspruch abscheuliche Züge angenommen: die Dichter, die nicht ermordet wurden oder Selbstmord begingen, wurden durch andere Mittel zum Schweigen gebracht. Die Gründe für diese Hekatombe sind sowohl in der russischen Geschichte zu suchen – diese barbarische Vergangenheit, auf die Lenin und Trotzki wiederholt hingewiesen haben –, als auch in der paranoischen Grausamkeit Stalins. Nicht minder verantwortlich jedoch ist der bolschewistische Geist, Erbe des Jakobinertums und seiner exorbitanten Forderungen an die Gesellschaft und die menschliche Natur.

Ich habe schon gesagt, daß angesichts der Demontage des Christentums durch die kritische Philosophie die Dichter die Mittler des alten – christlichen und vorchristlichen – religiösen Geistes wurden. Analogie, Alchemie, Magie: Synkretismus und persönliche Mythologien. Gleichzeitig reagierten die Dichter, von der Moderne beeinflußt, auf die Religion (und auf sich selbst) mit der Waffe der Ironie. Immer wieder und mit echter Gereiztheit – eine Gereiztheit, die eine außerordentliche Klarsicht nicht ausschloß – hat Trotzki auf die religiösen Elemente im Werk der meisten russischen Dichter und Schriftsteller der zwanziger Jahre, der sogenannten »Mitläufer«, hingewiesen. Sie alle, sagt Trotzki, akzep-

tierten die Oktoberrevolution weniger als eine *revolutionäre* denn als eine *russische* Tat. Das Russische ist die
traditionelle und religiöse Welt der Bauern und ihrer alten Mythologien, »die Hexen und ihre Zauberei«, wohingegen die Revolution die Moderne ist: die Wissenschaft, die Technik, die Stadtkultur. Um seine Kritik zu
begründen, zitiert er eine Passage aus *Das nackte Jahr*
(1922) von Boris Pilnjak, worin der alte Zauberer Jegorka sagt: »Rußland hat selbst Verstand genug. Die
Deutschen sind gescheit, aber ihr Verstand ist ein Narr –
sie brauchen ihn nur zum Maschinenbauen. Ich sage also
auf der Versammlung: ›Es gibt keine Internazjonale, es
gibt nur die russische Volksrevolution, den Volksauf-
stand. So wie bei Stepan Rasin, alles andere ist Quatsch.‹
– ›Und Karl Marxow?‹ fragen sie mich. ›Ist ein Deutscher
und also ein Dummkopf‹, sage ich. – ›Und Lenin?‹ – ›Lenin‹, sage ich, ›kommt aus dem Volk, ist ein Bolschewik,
aber ihr seid anscheinend Kommunesten‹.« Trotzki
schließt: »Es ist besorgniserregend, daß sich Pilnjak hinter dem Zauberer Jegorka versteckt und dessen alberne
Sprache gebraucht, auch wenn er es zugunsten der Kommunisten tut. Die anfänglich positive Einstellung dieser
Schriftsteller zur Revolution – und das gilt auch für den
christlichen Kommunismus in Alexander Bloks *Die
Zwölf* – hat ihren Ursprung in der Weltanschauung, die
weniger revolutionär ist als asiatisch, passiv und tiefer
durchdrungen von der christlichen Schicksalsergeben-
heit, als man sich vorstellen kann.«[*] Was würde Trotzki
sagen, läse er heute die zeitgenössischen russischen
Dichter und Romanciers, die von dieser Weltanschauung ebenfalls besessen sind und keine revolutionären Illusionen mehr haben?
Auch die Gruppe, die die Revolution offen unterstützte

[*] Trotzki, *Literatura y revolución*, Ruedo Ibérico, Paris 1969.

– ein Zweig des vorrevolutionären Futurismus, der, von Majakowski angeführt, die Zeitschrift LEF gründete –, hielt Trotzki für nicht revolutionär genug: »Der Futurismus bildet einen Gegensatz zum Mystizismus, zur passiven Vergöttlichung der Natur ... Er leistet der Technik, der wissenschaftlichen Organisation, der Maschine, der Planung Vorschub ... Es gibt einen unmittelbaren Zusammenhang zwischen dieser ästhetischen ›Rebellion‹ und der sozialen und sittlichen Rebellion.« Doch der Ursprung der futuristischen Rebellion ist individualistisch: »Die Tatsache, daß die Futuristen die Vergangenheit vehement ablehnen, hat nichts zu tun mit proletarischem Revolutionsgeist, sondern mit dem Nihilismus von Bohemiens.« Deshalb hält er Majakowskis Bekenntnis zur Revolution, so aufrichtig es gewesen sein mag, für einen tragischen Irrtum: »Seine unterbewußte Liebe zur Stadt, zur Natur, sein Hang zum Kosmopolitismus sind nicht die eines Arbeiters, sondern eines Bohemiens. *Die kahlköpfige Laterne, die der Straße die Strümpfe auszieht*, ein großartiges Bild, zeigt des Dichters wesenhafte Boheme besser als jeder andere Aspekt.« Trotzki unterstreicht den »zynischen und schamlosen Ton vieler Bilder« Majakowskis, und mit bewundernswertem Scharfblick entdeckt er deren romantischen Ursprung: »Die Forscher, die bei der Definition des sozialen Charakters des frühen Futurismus [er bezieht sich auf die vorrevolutionäre Periode, die fruchtbarste der Bewegung] den heftigen Protesten gegen das Leben und die Kunst der Bourgeoisie eine entscheidende Bedeutung beimessen, offenbaren ihre Naivität und Ignoranz ... Die Romantiker, französische wie deutsche, sprachen stets in kaustischer Weise von der Moral der Bourgeoisie und ihrem routinemäßigen Leben. Sie hatten langes Haar, und Théophile Gautier trug eine rote Weste. Die gelbe Bluse der Futuristen ist ohne Zweifel eine Großnichte der romantischen Weste, die bei den Papas und Mamas soviel Schrecken erregte.«[*] Wie sollte man in dem »Zynismus und der individualistischen Rebellion« Majakowskis und seiner Freunde nicht die romantische Ironie wiedererkennen? Die russische Literatur dieser Zeit schwankte zwischen dem »Zauber der Hexen« und der Satire der Futuristen. Verwandlungen, Metaphern von Analogie und Ironie.

Trotzkis Kritik kommt einer Verurteilung der Dichtung nicht nur im Namen der Russischen Revolution, sondern auch des modernen Geistes gleich. Trotzki spricht als ein Revolutionär, der sich die geistige Tradition des modernen Zeitalters, »von Marx zurück bis zu Hegel und den englischen Ökonomen«, zu eigen gemacht hat. Die Ursprünge dieser Tradition finden sich in der Französischen Revolution und in der Aufklärung. Seine Kritik der Dichtung nimmt damit, ohne daß er selbst sich dessen ganz bewußt ist, die Form der Kritik an, die die Philosophie und die Wissenschaft der Religion, den Mythen, der Magie und anderen Glaubensanschauungen der Vergangenheit gemacht hat. Weder die Philosophen noch die Revolutionäre können die Ambiguität der Dichter tolerieren, die in der Magie und in der Revolution zwei parallele, durchaus nicht antagonistische Wege sehen, um die Welt zu verändern. Die Worte Pilnjaks, die Trotzki anführt, sind ein Echo dessen, was Novalis und Rimbaud früher gesagt haben: das magische Verfahren unterscheidet sich nicht wesentlich vom revolutionären Verfahren. Die magische Bestimmung der modernen Dichtung von Blake bis heute ist lediglich die andere Seite, der dunkle Aspekt, ihrer revolutionären Bestimmung. Eben dies ist das vertrackte Mißverständnis zwischen Revolutionären und Dichtern, ein Mißverständ-

[*] Trotzki, *op. cit.*

nis, das niemand hat beseitigen können. Wenn der Dichter der Magie als einem Teil seiner Bestimmung abschwört, schwört er der Dichtung ab und wird zum Funktionär und zum Propagandisten. Die Magie aber verschlingt ihre Gläubigen, und wenn man ihr verfällt, kann auch das zum Selbstmord führen. Die Lockung des Todes hieß für Majakowski *Revolution*, für Nerval *Magie*. Nie kann sich der Dichter der doppelten Faszination entziehen; seine Aufgabe ist es, wie die der Seiltänzerin von Harry Martinson, »über Abgründen zu lächeln«.

Die Verurteilung der Dichtung durch den modernen Geist gemahnt an andere Verurteilungen. Mit der gleichen Grausamkeit, mit der die Kirche die Mystiker, Illuminaten und Quietisten bestrafte, hat der revolutionäre Staat die Dichter verfolgt. Ist die Dichtung die geheime Religion des modernen Zeitalters, so ist die Politik seine öffentliche Religion. Eine blutige und maskierte Religion. Der Prozeß, welcher der Dichtung gemacht wurde, war ein religiöser Prozeß: die Revolution hat die Dichtung als eine Häresie verurteilt. Eine doppelte Zweideutigkeit: wenn sich in der Dichtung eine persönliche religiöse Sicht der Welt und des Menschen manifestiert, so taucht in der revolutionären Politik ein zweifaches religiöses Bestreben wieder auf: die menschliche Natur verändern und eine universale Kirche gründen, die auf einer gleichfalls universalen Lehre basiert. Im einen Fall: Analogie und Ironie; im anderen: Übertragung der dogmatischen Theologie und der Eschatologie auf den geschichtlichen und gesellschaftlichen Bereich.

Die Ursprünge der neuen politischen Religion – eine Religion, die um sich selbst nicht weiß – gehen auf das 18. Jahrhundert zurück. David Hume war der erste, der das feststellte. Er hat aufgezeigt, daß die Philosophie seiner Zeitgenossen, insbesondere ihre Kritik des Christentums, bereits die Keime einer anderen Religion enthielt: wenn man dem Universum eine Ordnung zuschreibt und in dieser Ordnung einen Willen oder einen Zweck entdeckt, heiße das, erneut der religiösen Illusion verfallen. Aber Hume war, obgleich er es vorhersah, nicht Zeuge des Absinkens der Philosophie in die Politik und der Inkarnation – ich gebrauche absichtlich diesen religiösen Begriff – solcher Philosophie in den Revolutionen. Die Epiphanie des philosophischen Universalismus nahm sofort die dogmatische und blutige Form des Jakobinertums und seiner Verehrung der Göttin Vernunft an. Es ist kein Zufall, daß der Dogmatismus und das Sektierertum die revolutionären Bewegungen des 19. und 20. Jahrhunderts begleitet haben, und es ist auch kein Zufall, daß sich diese Bewegungen, sowie sie die Macht erringen, in Inquisitionen verwandeln und regelmäßig Zeremonien vollführen, die an die Azteken-Opfer und die Autodafés gemahnen.

Der Marxismus begann als eine »Kritik des Himmels«, das heißt der Ideologien der herrschenden Klassen, doch der siegreiche Leninismus verwandelte diese Kritik in eine Theologie des Schreckens. Der ideologische Himmel nahm die weltliche Form des Zentralkomitees an. Das christliche Drama zwischen freiem Willen und göttlicher Prädestination taucht auch in der Debatte zwischen Freiheit und gesellschaftlichem Determinismus wieder auf. Gleich der göttlichen Vorsehung im Christentum manifestiert sich die Geschichte in Zeichen: »die objektiven Bedingungen«, »die geschichtliche Situation« und andere Vorzeichen und Anzeichen, die der Revolutionär deuten muß. Die Deutung des Revolutionärs ist, wie die des Christen, zugleich frei und determiniert durch die gesellschaftlichen Kräfte, die an die Stelle der göttlichen Vorsehung treten. Die Ausübung dieser zwiespältigen Freiheit bringt tödliche Gefahren mit sich: ein Irrtum, die Verwechslung der Stimme Gottes mit der des Teufels, bedeutet für den Christen den Verlust der Seele und für den Revolutionär die Verurteilung durch die Geschichte. Insofern ist es nur natürlich, die Führer zu vergöttlichen: auf die Konsekration der Texte als heilige Schriften folgt zwangsläufig die Konsekration der Exegeten und Exekutivorgane. So wird das alte menschliche Bedürfnis befriedigt, anzubeten und angebetet zu werden. Das Leiden für die Revolution entspricht der wonniglichen Qual der christlichen Märtyrer. Die Maxime Baudelaires, leicht modifiziert, trifft durchaus auch auf die Situation des 20. Jahrhunderts zu: Die Revolutionäre haben die natürliche Grausamkeit der Religion in die Politik gebracht.[3]

Der Gegensatz zwischen dem dichterischen und dem revolutionären Geist ist Teil eines größeren Widerspruchs: dem zwischen der linearen Zeit der Moderne und der rhythmischen Zeit der Dichtung. Die Geschichte und das Bild: das Werk von Joyce kann man als einen Moment in der Geschichte der modernen Literatur betrachten, und in dieser Hinsicht ist es geschichtlich; in Wirklichkeit aber hat sein Autor es als ein Bild konzipiert. Als eben das Bild der Auflösung der datierten Zeit der Geschichte in die rhythmische Zeit der Dichtung. Aufhebung des Gestern, des Heute und des Morgen in den Verbindungen und Verschmelzungen der Sprache. Die moderne Literatur ist eine leidenschaftliche Negation der modernen Ära. Diese Negation ist nicht minder vehement bei den Dichtern des angloamerikanischen *modernism* als bei den europäischen und lateinamerikanischen Avantgardisten. Auch wenn erstere reaktionär und letztere revolutionär waren, waren doch beide antikapitalistisch. Ihre verschiedenen Haltungen resultierten aus einer gemeinsamen starken Abneigung gegen die von der Bourgeoisie geschaffene Welt. Bisweilen war diese Negation total, wie etwa bei Henri Michaux (Destillierer des Gegengifts gegen unsere Zeit: gegen die Zeit). Wie ihre romantischen und symbolistischen Vorfahren haben die Dichter des 20. Jahrhunderts der linearen Zeit des Fortschritts und der Geschichte die Augenblickszeit der Erotik, die zyklische Zeit der Analogie oder die hohle Zeit des ironischen Bewußtseins entgegengesetzt. Das Bild und der Humor: zwei Negationen der sukzessiven Zeit der kritischen Vernunft und ihrer Vergötterung der Zukunft. Die Rebellionen und Miseren der romantischen Dichter und ihrer Nachkommen im 19. Jahrhundert wiederholen sich in unserer Zeit. Wir sind die Zeitgenossen der Russischen Revolution, der kommunistischen bürokratischen Diktatur, Hitlers und der »Pax Americana« gewesen, so wie die Romantiker die Zeitgenossen der Französischen Revolution, Napoleons, der Heiligen Allianz und der Greuel der ersten industriellen Revolution waren. Die Geschichte der Dichtung im 20. Jahrhundert ist, wie die des 19. Jahrhunderts, eine Geschichte von Subversionen, Konversionen, Widerrufen, Häresien, Abweichungen. Diese Worte haben ihr Pendant in anderen: Verfolgung, Verbannung, Irrenanstalt, Selbstmord, Gefängnis, Demütigung, Einsamkeit.

Die Dualität Magie/Politik ist nur einer der Gegensätze in der modernen Dichtung. Das Paar Liebe/Humor ist ein anderer. Das ganze Werk Marcel Duchamps kreist um die Achse der erotischen Bejahung und der ironischen Verneinung. Das Ergebnis ist die *Meta-Ironie*, eine Art Schwebezustand des Geistes, ein Jenseits von

Bejahung und Verneinung. Der weibliche Akt im Museum von Philadelphia, – die Beine geöffnet, mit einer Hand (gleich einer umgestürzten Freiheitsstatue) eine Gaslampe haltend, ausgestreckt auf Bündeln dünner Zweige wie auf dem Reisig eines Scheiterhaufens, ein Wasserfall im Hintergrund (Doppelbild des Wassers des Mythos und der Stromerzeugung) – ist nichts anderes als das Pin-up Artemis, von Aktäon, dem Voyeur, durch die Ritze einer Tür betrachtet.* Kreisförmiges Verfahren der Meta-Ironie: der Akt, ein Kunstwerk zu betrachten, wird zu einem Akt des Voyeurismus. Das Betrachten ist keine neutrale Erfahrung: es ist eine komplizenhafte Teilnahme. Der Blick entflammt den Gegenstand, der Betrachter ist ein Voyeur. Duchamp zeigt die schöpferische Funktion des Blicks und zugleich dessen illusorischen Charakter. Das Betrachten ist eine Überschreitung, aber die Überschreitung ist ein schöpferisches Spiel. Indem wir durch die Ritze in der Tür der ästhetischen und moralischen Zensur blicken, gewahren wir die zweideutige Beziehung zwischen künstlerischer Betrachtung und Erotik, zwischen Sehen und Verlangen. Wir sehen das Bild unseres Verlangens, das zu einem Gegenstand erstarrt: eine nackte Puppe.

Im *Großen Glas* hatte Duchamp das Ewigweibliche als einen Verbrennungsmotor und den Mythos der Großen Göttin und ihres Kreises von Verehrer-Opfern als einen Stromkreis dargestellt: die Kunst des Okzidents und ihre erotisch-religiösen Bilder – von der Jungfrau Maria bis zu Melusine – in der unpersönlichen Weise dieser Prospekte behandelt, die uns die Funktionsweise eines Ge-

---

* Ich beziehe mich auf das letzte Werk von Marcel Duchamp, eine Assemblage, entstanden zwischen 1946 und 1966: *Gegeben sei: 1. der Wasserfall, 2. das Leuchtgas*, die sich im Philadelphia Museum of Art befindet.

räts zeigen. Die Assemblage von Philadelphia zeigt die gleichen Themen, nur aus der entgegengesetzten Perspektive: nicht die Verwandlung der Natur (Mädchen, Wasserfall) in ein technisches Gerät, sondern die Umwandlung von Gas und Wasser in erotisches Bild und in Landschaft. Es ist die Kehrseite, das *andere* Bild von *Die Braut, von ihren Junggesellen* – von ihren Voyeuren – *entblößt*. Das andere: das gleiche.

Die Ironie besteht in der Entwertung des Gegenstands; die Meta-Ironie interessiert sich nicht für den Wert der Gegenstände, sondern für ihre Funktionsweise. Diese Funktionsweise ist symbolisch: amor/umor/hamor ... Die Meta-Ironie zeigt uns die gegenseitige Abhängigkeit zwischen dem, was wir »superior«, und dem, was wir »inferior« nennen, und nötigt uns, uns jeden Urteils zu enthalten. Es ist keine Verkehrung von Werten, sondern eine moralische und ästhetische Befreiung, die die Gegensätze verbindet. Duchamp schließt die von der romantischen Ironie begonnene Periode ab, und darin hat sein Werk eine unbestreitbare Ähnlichkeit mit dem von Joyce, einem anderen Dichter komisch-erotischer Kosmogonien. Beim ersteren: Kritik des betrachtenden Subjekts und des betrachteten Objekts; beim letzteren Kritik der Sprache und dessen, was in der Sprache spricht: die Mythen und die Riten des Menschen. Bei beiden wird die Kritik zur Kreation, so wie Mallarmé das wollte; eine Kreation, die im *renversement* der Moderne mit ihren eigenen Waffen – der Kritik, der Ironie – besteht. Die modernste Moderne, die Industrie, ist die älteste: sie ist die andere Seite des erotischen Mythos. Das Ende der linearen Zeit, oder genauer, die Darstellung der linearen Zeit als eine der Manifestationen der Zeit. Die beiden extremsten und »modernsten« Werke der modernen Tradition sind auch ihre Grenze, ihr Ende: mit ihnen und in ihnen geht die Moderne, indem sie sich verwirklicht, zu Ende.

Liebe/Humor und Magie/Politik sind Formen, welche der zentrale Gegensatz Kunst/Leben annimmt. Von Novalis bis zu den Surrealisten haben sich die modernen Dichter diesem Gegensatz gestellt, ohne daß es ihnen gelang, ihn aufzulösen. Die Dualität nimmt noch weitere Formen an: Widerstreit zwischen dem Absoluten und dem Relativen oder zwischen dem Wort und der Geschichte. Góngora, von der Geschichte enttäuscht, verändert die Poesie, weil er das Leben nicht ändern kann; Rimbaud will die Poesie verändern, um das Leben zu ändern. Fast immer vergißt man, daß *Soledades*, die Dichtung, die die ästhetische Revolution Góngoras vollendet, eine Diatribe gegen den Handel, die Industrie und vor allem gegen die historische Großtat Spaniens, die Entdeckung und Eroberung Amerikas, enthält. Die Poesie Rimbauds dagegen will in die Tat einmünden. Die *Alchemie des Worts* ist eine poetische Methode, die menschliche Natur zu ändern; das dichterische Wort ist dem geschichtlichen Geschehen voraus, weil es Erzeuger, oder wie er sagt, »Multiplikator von Fortschritt« ist,* die Poesie bewirkt nicht nur neue psychische Zustände (wie die Religionen und die Drogen) und befreit die Völker (wie die Revolutionen), sondern es ist auch ihre Aufgabe, eine neue Erotik zu schaffen und die Liebesbeziehungen zwischen Mann und Frau zu verändern. Rimbaud proklamiert, daß man »die Liebe neu erfinden« muß, ein Versuch, der an Fourier erinnert. Die Poesie ist die Brücke zwischen dem utopischen Denken und der Wirklichkeit, sie ist der Augenblick der Verkörperung der Idee. Die Poesie ist die wahre Revolution, und sie

---

* Brief an Paul Demeny (*Lettre du voyant*) vom 15. Mai 1871 aus Charleville.

wird die Zwietracht zwischen Geschichte und Idee beenden. Doch das letzte Wort Rimbauds ist ein seltsames Testament: *Ein Sommer in der Hölle.* Danach Schweigen.

Auf der anderen Seite, aber in das gleiche Abenteuer verwickelt, und als ein weiteres Beispiel des gemeinsamen Versuchs, sucht Mallarmé diesen Augenblick der Konvergenz aller Augenblicke, in dem sich ein reiner Akt entfalten kann: das Gedicht. Dieser Akt, dieser »coup de dés ... lancé dans des circonstances éternelles«, ist eine widersprüchliche Wirklichkeit, da er als Akt auch ein Nicht-Akt ist. Und der Ort, an dem sich das Akt-Gedicht entfaltet, ist ein Nicht-Ort: ewige Umstände, das heißt, Nicht-Umstände. Das Relative und das Absolute verschmelzen, ohne zu verschwinden. Der Augenblick des Gedichts ist die Auflösung aller Augenblicke; trotzdem ist der ewige Augenblick des Gedichts *dieser* Augenblick: eine einmalige, unwiederholbare, geschichtliche Zeit. Das Gedicht ist kein reiner Akt, es ist eine Kontingenz, eine Verletzung des Absoluten. Seinerseits ist das Wiederauftauchen der Kontingenz nur ein Augenblick im Rollen der Würfel, die jetzt eins sind mit dem Sichdrehen der Welten: das Absolute absorbiert den Zufall, die Singularität dieses Augenblicks löst sich auf in eine unendlich »sich bildende Summe«. Als Verletzung des Universums ist das Gedicht zugleich das Doppel des Universums; als Doppel des Universums ist das Gedicht die Ausnahme.*

Der Gegensatz Kunst/Leben, in gleich welcher seiner Manifestationen, ist unauflöslich. Es gibt keine andere Lösung als die heroisch-burleske von Duchamp und Joyce. Die Lösung ist die Nicht-Lösung: die Literatur ist die Verherrlichung der Sprache bis zu ihrer Annullie-

* *Un coup de dés* erschien erstmals 1897.

rung, die Malerei ist die Kritik des gemalten Gegenstandes sowie des Blicks, der ihn betrachtet. Die Meta-Ironie befreit die Dinge von ihrer Zeitlast und die Zeichen von ihren Bedeutungen; sie setzt die Gegensätze in Umlauf, sie ist eine universale Belebung, dank der jedes Ding erneut sein Gegenteil wird. Kein Nihilismus, sondern Desorientierung: das Hier verschmilzt mit dem Dort. Das Spiel der Gegensätze löst den Widerspruch zwischen Sehen und Verlangen, Erotik und Betrachtung, Kunst und Leben auf, ohne ihn zu lösen. Im Grunde ist es die Antwort Mallarmés: Der Augenblick des Gedichts ist der Schnittpunkt zwischen dem Absoluten und dem Relativen. Eine Augenblicksantwort, die sich unaufhörlich annulliert: der Gegensatz taucht ständig wieder auf, entweder als Negation des Absoluten durch die Kontingenz oder als Auflösung der Kontingenz in ein Absolutum, das sich zu gegebener Zeit seinerseits auflöst. Die Nicht-Lösung, die eine Lösung ist, ist auf Grund der Logik der Meta-Ironie keine Lösung.

2. Das umgekehrte Muster

Die Avantgarde bricht mit der unmittelbaren Tradition – Symbolismus und Naturalismus in der Literatur, Impressionismus in der Malerei –, und dieser Bruch bedeutet eine Fortführung der Tradition, die mit der Romantik ihren Anfang nahm. Eine Tradition, in der auch der Symbolismus, der Naturalismus und der Impressionismus Momente des Bruchs und der Fortführung gewesen sind. Indes ist da etwas, das die Bewegungen der Avantgarde von den vorhergehenden unterscheidet: die Vehemenz der Haltungen und der Programme, der Radikalismus der Werke. Die Avantgarde ist eine Verschärfung und eine Extremisierung der Richtungen, die ihr vorangingen. Die Vehemenz und der Extremismus konfrontieren den Künstler rasch mit den Grenzen seiner Kunst oder seines Talents: Picasso und Braque schöpfen die Möglichkeiten des Kubismus in wenigen Jahren aus; ebenso läßt Pound den *imagism* in wenigen Jahren hinter sich; Chirico geht von der »metaphysischen Malerei« zum akademischen Klischee mit der gleichen Schnelligkeit über wie García Lorca von der traditionellen Poesie zum gongoristischen Neubarock und von diesem zum Surrealismus. Obgleich die Avantgarde neue Wege eröffnet, legen die Künstler und Dichter diese so rasch zurück, daß sie bald ans Ende gelangen und auf eine Mauer stoßen. Es bleibt ihnen nur die Möglichkeit einer neuen Überschreitung: eine Bresche in die Mauer schlagen, über den Abgrund springen. Nach jeder Überschreitung baut sich ein neues Hindernis auf, und bei jedem Hindernis erfolgt ein weiterer Sprung. Immer in bedrängter Lage, ist die Avantgarde eine Intensivierung der von der Romantik inaugurierten Ästhetik des Wandels. Beschleunigung und Vermehrung: Der ästhetische Wandel fällt nicht mehr zusammen mit dem Generationswechsel, er vollzieht sich wieder und wieder im Leben eines einzigen Künstlers. Picasso ist eben deshalb exemplarisch, weil er der extremste Fall ist: die schwindelerregende und widersprüchliche Folge von Brüchen und Entdeckungen, die sein Werk ist, verneint die allgemeine Richtung der Epoche nicht, sondern bestätigt sie. Wenn auch nicht sicher ist, ob die Geschichte der Dichtung und der Kunst des 20. Jahrhunderts an großen Werken reicher ist als die des 19. Jahrhunderts, so steht doch außer Zweifel, daß sie mannigfaltiger und wechselvoller gewesen ist. Am Ende dieser Reflexionen wird man sehen, wie die Beschleunigung des Wandels und die Vermehrung von Schulen und Richtungen wider Erwarten zweierlei zur Folge hat: zum einen wird eben die Tradition des Wandels und des Bruchs in Frage gestellt, zum anderen der Begriff des »Kunstwerks«.

Intensität und Ausdehnung: der Beschleunigung der Wandlungen entspricht die Ausweitung des literarischen Raums. Seit der zweiten Hälfte des 19. Jahrhunderts tauchen außerhalb des eigentlichen europäischen Raums verschiedene große Literaturen auf. Zuerst die nordamerikanische Literatur; danach die slawischen Literaturen, insbesondere die russische; heute die Literaturen Lateinamerikas, sowohl in spanischer als auch in brasilianischer Sprache. Chateaubriand entdeckt im indianischen Krieger und Weisen Amerikas den *anderen*; Baudelaire entdeckt in Poe seinesgleichen. Poe ist der erste literarische Mythos der Europäer, will sagen, er ist der erste amerikanische Schriftsteller, der ein Mythos wurde. Nur ist es nicht eigentlich ein amerikanischer Mythos. Für Baudelaire, den Erfinder des Mythos, ist Poe ein europäischer Dichter, den es in die demokratische und industrielle Barbarei der Vereinigten Staaten verschlagen hat. Weniger eine Erfindung, ist Poe eine Übersetzung von Baudelaire; während er Poes Geschichten übersetzt, übersetzt er sich selbst: Poe ist Baudelaire, und die nordamerikanische Demokratie ist die moderne Welt. Eine Welt, in der der Fortschritt nicht an der Nutzung des Gases für die Straßenbeleuchtung gemessen wird, sondern einzig und allein an der »Verminderung der Spuren der Erbsünde«.* (Eine sonderbare Ansicht, die den Gedanken Max Webers im voraus negiert: Der Kapitalismus ist nicht die Frucht der protestantischen Ethik, sondern ein Antichristentum, ein Versuch, den Makel der Erbsünde zu tilgen.) Die Betrachtungsweise Baudelaires wird die Mallarmés und seiner Nachkommen sein: Poe

* *Mon cœur mis à nu* (1862-1864).

ist der Mythos des verlorenen Bruders, verloren nicht im fremden, feindlichen Land, sondern in der modernen Geschichte. Für alle diese Dichter sind die Vereinigten Staaten kein Land, sondern die Zukunft.

Der zweite Mythos war der Walt Whitmans. Verschiedene Illusionen: der Kult mit Poe beruhte auf Ähnlichkeiten; die Begeisterung für Whitman rührte von einer zweifachen Entdeckung: er war der Dichter eines anderen Kontinents, und seine Dichtung war ein anderer Kontinent. Whitman preist die Demokratie, den Fortschritt und die Zukunft. Dem Anschein nach gehört seine Dichtung einer Tradition an, die im Gegensatz zur modernen Dichtung steht: wie konnte sie dann die modernen Dichter bezaubern? In der Dichtung Victor Hugos gibt es ein nächtliches und visionäres Element, das ihre Eloquenz und ihren billigen Optimismus bisweilen kompensiert. Und in der Whitmans? Der Dichter des Raums, hat man gesagt; man sollte hinzufügen: der Dichter des Raums in Bewegung. Wandernde Räume, Imminenz der Zukunft: Utopie und Amerikanismus. Auch und vor allem die Sprache, die physische Wirklichkeit der Worte, der Bilder, der Rhythmen. Seine Sprache ist ein Körper, eine allmächtige pluralische Gegenwart. Ohne den Körper wäre seine Dichtung bloß oratorisch, predigerhaft und plakativ. Eine Dichtung voller Ideen und Pseudoideen, Gemeinplätze und echter Entdeckungen, eine riesige, unförmige Masse, die plötzlich Gestalt annimmt in einem Sprach-Leib, den wir sehen, riechen, berühren und, vor allem, hören können. Die Zukunft verschwindet: es bleibt die Gegenwart, die Präsenz des Körpers. Whitmans Einfluß ist ungeheuer groß gewesen und hat sich in alle Richtungen und auf völlig verschiedene Temperamente ausgewirkt: auf Claudel ebenso wie auf García Lorca. Vom Lissabon Pessoas bis zum Moskau der russischen Futuristen stand der ganze europäische Kontinent unter seinem Einfluß. Whitman ist der Ahn der europäischen und lateinamerikanischen Avantgarde. Bei uns wird er früh bekannt: José Martí stellte ihn in einem Artikel 1887 dem lateinamerikanischen Publikum vor. Und sogleich fühlte sich Rubén Darío versucht, ihm nachzueifern – eine fatale Versuchung. Seitdem hat Whitman nicht aufgehört, viele unserer Dichter zu begeistern: Nacheiferung, Bewunderung, Enthusiasmus; Geschwafel.

Die ersten Manifestationen der Avantgarde waren kosmopolitisch und polyglott: Marinetti schreibt seine Manifeste in französisch und setzt sich in Moskau und Sankt Petersburg mit den russischen Kubofuturisten auseinander; Chlebnikow und seine Freunde erfinden das *Zaum*, die trans-rationale Sprache; Duchamp stellt in New York aus und spielt Schach in Buenos Aires; Picabia arbeitet in New York, Barcelona und Paris und erregt überall Ärgernis; Arthur Cravan lehnt es ab, sich in Paris mit Apollinaire zu duellieren, doch in Madrid boxt er gegen den schwarzen Champion Jack Johnson, und mitten in der Revolution begibt er sich nach Mexiko, wo er, wie Quetzalcóatl, mit einem kleinen Boot in den Gewässern des Golfs verschwindet; die ersten Gedichte von Blaise Cendrars sind Berichte über Ostern in New York und über eine endlose Reise mit der transsibirischen Eisenbahn; Diego Rivera begegnet auf Montparnasse Ilja Ehrenburg und findet sich wenige Jahre später auf den Seiten von *Julio Jurenito* (1922) wieder; Vicente Huidobro kommt aus Chile nach Paris, arbeitet mit den Dichtern zusammen, die sich zu jener Zeit Kubisten nannten, und gründet gemeinsam mit Pierre Reverdy die Zeitschrift *Nord-Sud*. Die Explosion Dada vergrößert das babylonische Sprachengewirr noch: der Elsässer Arp, die Deutschen Hugo Ball und Richard Huelsenbeck, der Rumäne Tristan Tzara, der Französisch-Cubaner Picabia. Einige sind zweisprachig: Arp schreibt deutsch und französisch, Ungaretti italienisch und französisch, Huidobro spanisch und französisch. Die Vorliebe für das Französische zeigt, daß die französische Avantgarde in der Entwicklung der modernen Dichtung die Hauptrolle spielte. Ich erwähne diese allgemein bekannte Tatsache deshalb, weil viele nordamerikanische und englische Kritiker sie nicht wahrhaben wollen. Die Kritiker nicht und manchmal nicht einmal die Dichter; 1961 verstieg sich Ezra Pound in einem Interview zu der Behauptung: »If Paris had been as interesting as Italy in 1924, I would have stayed in Paris.«*

Die Bewegung der Avantgarde beginnt in englischer Sprache etwas später als auf dem Kontinent und in Lateinamerika. Die ersten Bücher von Pound und Eliot sind noch geprägt von Laforgue, Corbière und selbst von Gautier. Während die Dichter englischer Sprache beim *imagism* bleiben, der eine zaghafte Reaktion auf den Symbolismus ist, veröffentlicht Apollinaire *Alcools* und gibt Max Jacob dem Prosagedicht eine neue Form. Die große schöpferische Periode der angloamerikanischen Avantgarde beginnt mit der endgültigen Ausgabe der ersten *Cantos* (1924), *The Waste Land* (1922) und einem kleinen, höchst anziehenden, doch wenig bekannten Buch von William Carlos Williams: *Kora in Hell, Improvisations* (1920). Das Erscheinen dieser Bücher fällt zusammen mit dem Beginn der zweiten Periode der europäischen Avantgarde: dem Surrealismus. Zwei einander entgegengesetzte Versionen der modernen Bewegung.

* Zitiert nach: Hugh Kenner, *The Pound Era*, Berkeley 1971. Das Interview, mit D.C. Bridson, erschien in der Nummer 17 von *New Directions* (1961).

Mit diesen kurzen Bemerkungen wollte ich lediglich auf den kosmopolitischen Charakter der Avantgarde hinweisen, aber auch darauf, daß die Dichtung englischer Sprache Teil einer allgemeinen Strömung ist. Nach den Daten zu schließen, ist es nicht wahrscheinlich, daß Eliot und Pound, wie einige Kritiker meinen, lediglich die symbolistische Tradition kannten und an Apollinaire und Reverdy, an Dada und dem Surrealismus vorübergegangen sind. Harry Levin hat den Einfluß Apollinaires auf e.e. cummings nachgewiesen, der ja auch Freund und Übersetzer von Aragon war; die Beziehung zwischen *Kora in Hell* und dem Prosagedicht, so wie es zu jener Zeit von den Surrealisten kultiviert wurde, ist eindeutig und direkt; und Wallace Stevens kannte die zeitgenössische französische Dichtung bestens – doch wir möchten gern etwas mehr über die Jahre wissen, in denen der große Wandel beginnt. Das Paris, das Pound und Eliot kennenlernten, war das kosmopolitische Paris des ersten Drittels dieses Jahrhunderts, Schauplatz einander ablösender künstlerischer und literarischer Revolutionen. Immer wieder, ja bis zum Überdruß, hat man von dem Einfluß Laforgues auf Eliot gesprochen; dagegen hat niemand die Ähnlichkeit zwischen der poetischen Collage von Pound und Eliot und der »simultaneistischen« Struktur von *Zone, Le musicien de Saint-Merry* und anderen Gedichten Apollinaires untersucht. Ich will nicht die Originalität der nordamerikanischen Dichter bestreiten, sondern darauf hinweisen, daß die dichterische Bewegung englischer Sprache voll verständlich ist nur im Kontext der Dichtung des Okzidents. Das gleiche gilt für die anderen Richtungen: ohne Dada, in Zürich entstanden und von Tzara in Frankreich eingeführt, wäre der Surrealismus nicht erklärbar. Nicht ohne Dada und nicht ohne die deutsche Romantik. Ebenso ist der

spanische und argentinische Ultraismo nicht erklärbar
ohne Huidobro, der wiederum nicht erklärbar ist ohne
Reverdy.

Die Beispiele, die ich angeführt habe, wollen keine lineare Vorstellung von der Geschichte der Literatur vermitteln, sondern deren Komplexität und übernationalen
Charakter unterstreichen. Eine Literatur ist eine Sprache, doch keine isolierte Sprache: sie steht in ständiger
Beziehung mit anderen Sprachen, mit anderen Literaturen. Eliot stellt fest, daß die Verbindung einander wider-
sprechender oder verschiedenartiger Erfahrungen ein
Charakteristikum der »metaphysischen« englischen
Dichter ist. Doch ein Charakteristikum ist nicht einmalig: die Verbindung der Gegensätze – Paradox, Metapher
– findet man überall in der europäischen Dichtung dieser
Zeit. Die konsequente Trennung von Sensibilität und
Imagination – von klassischem Geist und Miltonscher
und romantischer Eloquenz – ist ebenfalls ein allgemei-
nes europäisches Phänomen. Deshalb sagt Eliot, daß
»Jules Laforgue und, in vielen seiner Gedichte, Tristan
Corbière der ›Schule von Donne‹ näher stehen als irgendein moderner englischer Dichter«.[*] Vielleicht hätte
er das gleiche von López Velarde gesagt, hätte er ihn lesen können. Die Literatur des Okzidents ist ein Gewebe
von Beziehungen. Dieses Gewebe besteht aus den Mu-
stern, welche in ihrer Verflechtung und Entflechtung die
Bewegungen, die Dichterpersönlichkeiten – und der Zufall – schaffen. Im folgenden will ich versuchen aufzuzeigen, wie die dichterischen Bestrebungen der ersten
Hälfte dieses Jahrhunderts einige der Muster, welche die
Romantik ein Jahrhundert zuvor entworfen hatte, wiederholen, wenn auch im entgegengesetzten Sinne. Das
Bild ist das gleiche, nur umgekehrt. Das Gegensatz-Ver-

[*] »The Metaphysical Poets« (1921) in *Selected Essays*. New York 1932.

hältnis zwischen den germanischen und den romanischen Sprachen taucht im 20. Jahrhundert wieder auf und hat die Tendenz, sich zu polarisieren: in der Dichtung englischer Sprache und in der französischen Dichtung. Ich werde auch auf die Dichtung spanischer Sprache Bezug nehmen, nicht nur, weil diese Sprache die meine ist, sondern weil die neuere Zeit, ebenso in Spanien wie in Amerika, eine der reichsten Perioden unserer Geschichte ist. Ich bin mir bewußt, daß ich große Bewegungen und Gestalten außer acht lasse – den italienischen und den russischen Futurismus, den deutschen Expressionismus, Rilke, Benn, Pessoa, Ungaretti, Montale, die Griechen, die Brasilianer, die Polen ... Sicherlich wäre die Sicht eines deutschen oder italienischen Dichters eine andere. Mein Gesichtspunkt ist parteiisch: er ist der eines hispanoamerikanischen Dichters.

Die Romantik war nicht nur eine Gegenreaktion auf die Ästhetik der Klassik, sondern auch auf die griechisch-lateinische Tradition in der Gestalt, welche die Renaissance und die Barockzeit ihr gegeben hatten. Die Klassik war schließlich nur die letzte und radikalste Manifestation dieser Tradition. Die Rückkehr zu den nationalen dichterischen Traditionen (oder die Schaffung dieser Traditionen) war eine Negation der zentralen Tradition des Okzidents. Nicht umsonst waren die ersten Manifestationen der Romantik, neben der *gothic novel* und der Rückwendung zum Mittelalter, das orientalische Milieu in *Vathek* und die unermeßliche Weite Amerikas in *Les Natchez*. Gotische Kathedralen und Abteien, Moscheen, Hindu-Tempel, amerikanische Wüsten und Wälder: sie waren mehr als nur Bilder, sie waren Zeichen der Negation. Ob wirklich oder imaginär, jedes Gebäude und jede Landschaft war eine Polemik gegen die Tyrannei Roms und seines Erbes. In seinen dichtungskritischen Essays bleibt Blanco White nicht beim Einfluß der französischen Klassik stehen, sondern geht weiter zurück: der Ursprung des Übels, mit dem unsere Dichtung behaftet ist, liege im 16. Jahrhundert und heiße italienische Renaissance. Eloquenz, Ebenmaß, Petrarkismus: Symmetrie, die die spanische Dichtung ihrer eigenen Natur entfremdet, Geometrie, die sie erstickt und nicht sie selbst sein läßt. Um ihr wahres Wesen wiederzuerlangen, sollten die spanischen Dichter dieses Erbe abschütteln und zu ihrer eigenen Tradition zurückkehren. Blanco White sagt nicht, was das für eine Tradition ist, nur daß es eine *andere* ist. Eine andere Tradition als die, welche Garcilaso, Góngora und die klassischen Dichter gleichermaßen in Ehren hielten. Die zentrale Tradition Europas wird zu einer Verirrung, einem von außen auferlegten Zwang. Sie war das vereinigende Element gewesen, die Brücke zwischen den Sprachen, den Mentalitäten und den Nationen: jetzt ist sie etwas Aufgezwungenes. Die Romantik gehorcht derselben Zentrifugalkraft wie der Protestantismus. Wenn sie auch kein Schisma ist, so bedeutet sie doch Trennung, Abspaltung.

Der Bruch mit der zentralen Tradition des Okzidents hatte zur Folge, daß viele Traditionen auftauchten; die Vielfalt von Traditionen führte zur Anerkennung verschiedener Begriffe von Schönheit; der ästhetische Relativismus war die Rechtfertigung der Ästhetik des Wandels: der kritischen Tradition, die, indem sie sich negiert, sich behauptet. Innerhalb dieser Tradition bedeutet die angloamerikanische dichterische Bewegung des 20. Jahrhunderts einen großen Wandel, eine große Negation und eine große Neuheit. Der Bruch besteht darin, daß sie, weit davon entfernt, eine Negation der zentralen Tradition zu sein, eine Suche nach dieser Tradition ist. Keine Revolte, sondern eine Restauration. Ein Kurswechsel: Wiedervereinigung und nicht Trennung. Obgleich Eliot und Pound verschiedene Vorstellungen davon hatten, worin diese Tradition eigentlich bestand, war ihr Ausgangspunkt doch der gleiche: das Bewußtsein der Abspaltung, zu fühlen und zu wissen, daß man abseits steht. Es ist eine doppelte Abspaltung: eine persönliche und eine geschichtliche. Sie gehen nach Europa nicht als Verbannte, sondern auf der Suche nach dem Ursprung; ihre Reise führt nicht ins Exil, sondern ist eine Rückkehr zu den Quellen. Es ist eine Bewegung in die Whitman entgegengesetzte Richtung: nicht die Erforschung der unbekannten Räume, des amerikanischen »Jenseits«, sondern die Rückkehr nach England. Doch England, seit der Reformation von Europa getrennt, ist nur ein Glied der zerbrochenen Kette. Der Anglizismus Eliots war ein Europäismus; Pound, der radikaler war, tat den Sprung von England nach Frankreich und von Frankreich nach Italien.

Dem Wort *Zentrum* begegnet man in den Schriften der beiden Dichter immer wieder, zumeist in Verbindung mit dem Wort Ordnung. Tradition wird gleichgesetzt mit der Idee eines Zentrums universaler Konvergenz, einer irdischen und himmlischen Ordnung. Die Poesie ist Suche nach dieser Ordnung und manchmal ihre Vision. Für Eliot ist das geschichtliche Bild der spirituellen Ordnung die christliche Gesellschaft des Mittelalters. Die Idee der modernen Welt als Auflösung der christlichen Ordnung des Mittelalters findet sich bei vielen Schriftstellern dieser Zeit, doch bei Eliot ist es mehr als eine Idee: es ist ein Schicksal und eine Vision. Etwas Gedachtes und Gelebtes – etwas, das zum Ausdruck kommt:

eine Sprache. Wenn die Moderne der Zerfall der christlichen Ordnung ist, steht sein individuelles Schicksal als moderner Dichter und Mensch genau in diesem geschichtlichen Kontext. Die moderne Geschichte ist Verfall, Trennung, Auflösung; aber sie ist auch der Weg der Läuterung und Wiederversöhnung. Das Exil ist kein Exil: es ist die Rückkehr zur Zeit ohne Zeit. Der Christ nimmt die Zeit nur auf sich, um sie zu verwandeln. Die Poetik Eliots verwandelt sich in eine religiöse Sicht der modernen Geschichte des Okzidents.

Im Falle Pounds ist die Idee der Tradition verworrener und unbeständiger. Verworren, weil sie weniger eine Idee ist, denn eine Aneinanderreihung von Bildern; unbeständig, weil sie sich – wie der Greif, den Dante im Purgatorium sah – fortwährend verwandelt und dabei doch die gleiche bleibt. Darin besteht vielleicht sein tiefer Amerikanismus: seine Suche nach der zentralen Tradition ist nur eine weitere, die extreme Form der Tradition der Suche. Seine ungewollte Ähnlichkeit mit Whitman ist erstaunlich: beide lassen den Okzident hinter sich, nur daß der eine auf die Suche geht nach einem pantheistisch-mystischen Verströmen (Indien) und der andere nach einer Weisheit, die die Ordnung des Himmels mit der der Erde in Einklang bringt (China). Pound fühlte sich vom System des Konfuzius ähnlich angezogen wie die Jesuiten im 18. Jahrhundert, und so wie die ihre ist seine Faszination eine politische Passion: die Jesuiten glaubten, ein christliches China wäre das Modell für die Welt; Pound träumte von konfuzianischen Vereinigten Staaten. Der außerordentliche Reichtum und die Komplexität der Bezüge, Anspielungen und Echos anderer Epochen und Kulturen machen die *Cantos* zu einem kosmopolitischen Text, zu einem wahren poetischen Babel (in dieser Bezeichnung ist nichts Abschätziges). Trotzdem sind die *Cantos* in erster Linie eine nordamerikanische Dichtung, geschrieben für die Nordamerikaner – was natürlich nicht hindert, daß sie uns alle fasziniert. Die verschiedenen Episoden, Gestalten und Texte dieser Dichtung sind *Beispiele*, die der Dichter seinen Landsleuten vor Augen hält. Sie alle zielen auf ein universales, oder genauer, auf ein imperiales Modell ab. Darin unterscheidet Pound sich von Whitman. Der eine träumte von einer nationalen, wenn auch weltweiten Gesellschaft, die am Ende die Demokratie verwirklichen würde; der andere von einer Weltnation als der Erbin aller Kulturen und Reiche. Pound spricht von der Welt, doch denkt er dabei immer an sein Vaterland, an eine Weltmacht. Der Nationalismus Whitmans war ein Universalismus; der Universalismus Pounds ist ein Nationalismus. Damit erklärt sich Pounds Verherrlichung des politischen und ethischen Systems des Konfuzius: im chinesischen Reich sah er ein Modell für die Vereinigten Staaten. Daher auch seine Bewunderung für Mussolini. Das Erscheinen Justinians in den letzten *Cantos* entspricht ebenfalls dieser imperialen Sicht.

Die Mitte der Welt ist nicht der Ort, wo sich das religiöse Wort manifestiert, wie das bei Eliot der Fall ist; sie ist der Kraftquell, der die Menschen motiviert und in einem gemeinschaftlichen Werk eint. Die Ordnung Pounds ist hierarchisch, auch wenn seine Hierarchien sich nicht auf das Geld gründen. Seine Passion war weder die Freiheit noch die Gleichheit, sondern die Größe und die Gerechtigkeit unter den Ungleichen. Seine Nostalgie nach der Agrargesellschaft war keine Nostalgie nach der demokratischen Dorfgemeinschaft, sondern nach den alten imperialen Gesellschaften wie China und Byzanz, zwei großen bürokratischen Reichen. Sein Irrtum bestand darin, daß seine Sicht dieser Zivilisationen die riesige

Last des Staates, die die Bauern, Handwerker und Kaufleute erdrückte, ignorierte. Sein Antikapitalismus, wie man in seinen berühmten *Usura*-Cantos sieht, ist Ausdruck eines echten und berechtigten Abscheus vor der modernen Welt, doch seine Verurteilung des Agios ist die gleiche wie die der katholischen Kirche im Mittelalter. Es handelt sich hier um eine weitere Konfusion: der Kapitalismus ist nicht der Wucher, noch ist er das Horten des exkrementiellen Goldes, sondern er ist dessen Sublimierung und Verwandlung in Sozialprodukte durch die Arbeit des Menschen. Das Thesaurieren des Wucherers bringt den Reichtum zum Stagnieren, es entzieht ihn dem Umlauf, wohingegen die Produkte des Kapitalismus ihrerseits produktiv sind: sie sind im Umlauf und vermehren sich. Pound ignorierte Adam Smith, Ricardo und Marx – das ABC der Ökonomie und unserer Welt.

Seine exkrementielle Obsession ist verbunden mit seinem Haß auf den Wucher sowie mit seinem Antisemitismus. Die andere Seite dieser Obsession ist sein Sonnenkult. Das Exkrement ist teuflisch und irdisch; sein Bild, das Gold, verbirgt sich in den Eingeweiden der Erde und in den Schatztruhen, diesen symbolischen Eingeweiden des Wucherers. Doch es gibt noch ein anderes Bild des Exkrements, das seine Verwandlung ist: die Sonne. Das exkrementielle Gold des Wucherers verschwindet in der Tiefe, die Sonne in der Höhe scheint für alle. Zwei antithetische Bewegungen: das Exkrement kehrt in die Erde zurück, die Sonne überflutet sie. Pound sah sehr wohl den Gegensatz zwischen diesen beiden Bildern, doch er sah nicht den Konnex, die kontradiktorische Beziehung, die sie verbindet. In allen imperialen Emblemen und Visionen nehmen die Sonne oder ihr Homolog – der Sonnenvogel, der Adler – den zentralen Platz ein. Der Herrscher ist die Sonne. In der Ordnung des Himmels – das Kreisen der Planeten und der Jahreszeiten um eine Achse aus Licht – findet sich das Rezept, um die Erde zu regieren. Ordnung, Rhythmus, Tanz: soziale Harmonie, Gerechtigkeit jener dort oben, Treue dieser hier unten. Der Traum Pounds ist wie der Fouriers, obgleich im entgegengesetzten Sinne, eine Analogie des Sonnensystems.

Für Eliot ist Dichtung die Vision der göttlichen Ordnung, von hier aus, von der Welt im Strom der Geschichte aus; für Pound ist sie die augenblickliche Wahrnehmung der Verschmelzung der natürlichen (göttlichen) Ordnung mit der menschlichen Ordnung. Archetypische Augenblicke: die Tat des Helden, das Gesetz des Gesetzgebers, die Waage des Herrschers, das Werk des Künstlers, das Erscheinen der Göttin, »verhängt vom Schleier einer matten Wolke / κύϑηϱα δεινά ein Blatt im Strom getrieben« (*Canto* 80). Die Geschichte ist Hölle, Purgatorium, Himmel, Limbus – und die Dichtung ist die Erzählung, der Bericht von der Reise des Menschen durch diese Welten der Geschichte. Nicht nur die Erzählung: auch die objektive Darstellung der Augenblicke der Ordnung und der Unordnung. Die Dichtung ist *paideia*: diese Augenblicksvisionen, die – wie Diana die Wolkenschleier – das Dunkel der Geschichte zerreißen, sind weder Ideen noch Dinge: sie sind Licht. »Alle seienden Dinge sind Lichter« (*Canto* 74). Doch Pound ist nicht beschaulich: diese Lichter sind Taten und regen uns zur Tat an.

Die Suche nach der zentralen Tradition war ein Rekognoszieren, in der militärischen Bedeutung des Wortes: eine Kontroverse und eine Entdeckung. Kontroverse: die Geschichte der englischen Dichtung, betrachtet als eine allmähliche Trennung von der zentralen Tradition. Chaucer, sagt Pound im *ABC of Reading*, nimmt am intellektuellen Leben des Kontinents teil, er ist ein Europäer, doch Shakespeare »sieht schon von außen nach Europa«. Entdeckung: jene Werke finden, die wirklich der zentralen Tradition angehören, und aufzeigen, was sie verbindet. Die europäische Dichtung ist ein lebendiges und zusammenhängendes Ganzes. Pound fragt sich: »Kann man Donnes beste Gedichte würdigen, außer in bezug auf Cavalcanti?« Eliot seinerseits entdeckt Ähnlichkeiten zwischen den »metaphysischen« Dichtern und einigen französischen Symbolisten sowie zwischen diesen beiden und den florentinischen Dichtern des 13. Jahrhunderts. Wiederherstellung einer Tradition, die von den provenzalischen Dichtern bis zu Baudelaire führt: keine Versammlung von Phantasmen, sondern von lebendigen Werken. Im Mittelpunkt: Dante. Er ist die Waage, der Prüfstein. Eliot liest Baudelaire aus der Perspektive Dantes, und aus *Les fleurs du mal* wird ein moderner Kommentar zur Hölle und zum Purgatorium. Eingezwängt zwischen der *Odyssee* und der *Commedia*, schreibt Pound eine epische Dichtung, die ebenfalls eine Hölle, ein Purgatorium und ein Paradies ist. Die *Commedia* ist keine epische, sondern eine allegorische Dichtung: die Wanderung des Dichters durch die drei Welten ist eine Allegorie des Buches vom Exodus, das seinerseits eine Allegorie der Geschichte der Menschheit vom Sündenfall bis zum Jüngsten Gericht ist, die wiederum nur eine Allegorie des Umherirrens der menschlichen Seele ist, welche am Ende durch die göttliche Liebe erlöst wird. Das Thema der *Commedia* ist die Rückkehr zum Schöpfer; das Thema der *Cantos* ist ebenfalls die Rückkehr, doch eine Rückkehr wohin? Im Verlauf der Reise hat der Dichter den Zielort vergessen. Der Stoff der *Cantos* ist episch; die Dreigliederung ist theologisch. Säkularisierte Theologie: autoritäre Politik. Pounds Faschismus war, bevor er ein moralischer Irrtum wurde, ein literarischer Irrtum, eine Verwechslung von Gattungen.

Das Sammeln von Bruchstücken war keine Arbeit von Antiquaren, sondern ein Sühne- und Versöhnungsritus. Ein Abbüßen der Sünden des Protestantismus und der Romantik. Die Ergebnisse waren widersprüchlich. Auf der Expedition zur Rückgewinnung der zentralen Tradition kam Pound weiter als bis nach Rom – bis in das China des 6. Jahrhunderts v. Chr. –, während Eliot auf halbem Wege stehenblieb, in der anglikanischen Kirche verblieb. Pound entdeckte nicht eine, sondern viele Traditionen, und er umfaßte sie alle; indem er die Vielheit wählte, wählte er das Nebeneinander und den Synkretismus. Eliot entschied sich für eine Tradition, doch seine Vision war nicht minder exzentrisch. Die Exzentrizität war keine Verirrung der beiden Dichter, sie ist im Ursprung der Bewegung selbst und in deren widersprüchlicher Natur beschlossen. Der angloamerikanische *modernism* verstand sich selbst als ein Wiederaufleben der Klassik. Mit eben diesem Ausdruck (*classical revival*) beginnt *Romanticism and Classicism**, ein Essay von T.E. Hulme, dem Inspirator Eliots und Freund von Pound. Der junge englische Dichter und Kritiker hatte in den Ideen von Charles Maurras und in dessen Bewegung, der Action Française, eine Ästhetik und eine Politik gefunden. Hulme wies auf den engen Zusammenhang zwischen Revolution und Romantik hin: »Die Revolution war das Werk der Romantik« (Rousseau). Eine Simplifikation: aus der anfänglichen Affinität zwischen Romantik und Revolution wurde, wie man gesehen hat, ein Gegensatz. Die Romantik war ein Antirationalismus; der revolutionäre Terror empörte die Romantiker gerade

* In *Speculations. Essays on Humanism and the Philosophy of Art*, London 1924.

wegen seiner Systematik und seiner vorgeblichen Rationalität. Robespierre hatte den Adel, wie Heine in seiner Antwort an Madame de Staël sagte, mit der gleichen Folgerichtigkeit enthauptet, mit der Kant die Ideen der alten Metaphysik geköpft hatte. Obgleich Hulme die ästhetischen Vorstellungen der deutschen Romantiker kritisierte, erinnert seine Einstellung und die seines Kreises an sie: der Haß auf die Revolution verband sich bei den einen wie bei den anderen mit der Sehnsucht nach der christlichen Welt des Mittelalters. Es ist ein Gedanke, der bei allen deutschen Romantikern auftaucht und den Novalis in seinem Essay *Die Christenheit oder Europa* zum Ausdruck brachte. Die neue christliche Gesellschaft, die, Novalis zufolge, aus den Trümmern des rationalistischen und revolutionären Europas entstehen würde, könnte am Ende die vom Heiligen Römischen Reich Deutscher Nation vorgezeichnete Einheit verwirklichen. Der Klassizismus von Hulme, Eliot und Pound war, ihnen unbewußt, ein Romantizismus.

Maurras' Bewegung berief sich auf die griechisch-römische und die mittelalterliche Tradition: Klassik, Rationalismus, Monarchie, Katholizismus. Man braucht wohl nicht daran zu erinnern, daß diese Tradition keine einheitliche ist, sondern seit Anbeginn dual und widersprüchlich: Heraklit/Parmenides, Monarchie/Demokratie. Zudem ist heute die Hauptströmung die Tradition der Reformation, der Romantik und der Revolution, und die marginale ist jene, die Eliot und seine Freunde restaurieren wollten. In der modernen Geschichte Frankreichs war Maurras' Bewegung die einer politischen Splittergruppe. Zur geschichtlichen Marginalität kommt die religiöse Häresie hinzu: Rom verurteilte die Bewegung. Der Rationalismus Maurras' schloß weder den Autoritätskult noch die gewaltsame Unterdrückung der Kritik, noch den

Antisemitismus aus. Sein poetischer Klassizismus war ein Archaismus; und in seinen politischen Anschauungen war der Grundgedanke, der der Nation, eine romantische Idee. Auf der Suche nach der zentralen Tradition folgte der angloamerikanische *modernism* einer Sekte, die in der Religion schismatisch war und in der Ästhetik marginal. Wer liest heute die Gedichte von Maurras? Glücklicherweise war die antiromantische Einstellung von Hulme, Eliot und Pound nicht so engstirnig wie die Maurras'. Nicht so engstirnig und nicht so kohärent: sie ersannen eine poetische Tradition, in der Gestalten eine Rolle spielten, welche die Romantiker immer als die ihren betrachtet hatten. Die bedeutendsten: Dante und Shakespeare. Beide Namen waren Schlachtrufe gegen die klassische Ästhetik und die Hegemonie Racines gewesen. Die Einbeziehung der »metaphysischen« Dichter – der englischen Variante der Barockdichtung und des europäischen Konzeptismus – paßte auch nicht ganz zu dem, was man gemeinhin unter Klassik versteht. Elegant rechtfertigte Hulme diese Verletzungen der klassischen Orthodoxie: »Ich gebe zu, daß Racine der Höhepunkt der Klassik ist ... doch Shakespeare ist der Klassiker der Bewegung.« Scharfsinnig, aber nicht überzeugend.

Während sich der angloamerikanische *modernism* bei Maurras Anregung holte, entdeckten die jungen französischen Dichter Lautréamont und de Sade. Der Unterschied konnte nicht größer sein. In Europa hatten die Bewegungen der Avantgarde einen starken romantischen Einschlag, von den zaghaftesten, wie dem deutschen Expressionismus, bis zu den radikalsten, wie dem Futurismus Italiens und Rußlands. Dada und der Surrealismus waren, das braucht man wohl nicht zu sagen, ultraromantisch. Der extreme Formalismus einiger dieser Richtungen – Kubismus, Konstruktivismus, abstrakte

Kunst – scheint meine Behauptung zu widerlegen. Er widerlegt sie nicht: der Formalismus der modernen Kunst ist eine Negation des Naturalismus und des Humanismus der griechisch-römischen Tradition. Seine geschichtlichen Quellen liegen außerhalb der klassischen Tradition des Okzidents: in der Negerkunst, der präkolumbischen Kunst und der Kunst Ozeaniens. Der Formalismus setzt die von der Romantik begonnene Tendenz, der griechisch-römischen Tradition andere Traditionen entgegenzusetzen, nicht nur fort, sondern betont sie noch. Der moderne Formalismus zerstört die Idee der Darstellung – im Sinne des griechisch-römischen und des Renaissance-Illusionismus – und unterwirft die menschliche Gestalt der Stilisierung einer rationalen oder emotionalen Geometrie, wenn er sie nicht überhaupt aus dem Bild verbannt. Man wird sagen, daß der Kubismus eine Reaktion auf den Romantizismus des Impressionismus und der Fauves war. Das ist wahr, doch ist der Kubismus nur verständlich innerhalb des widersprüchlichen Kontextes der Avantgarde, so wie wir Ingres nur richtig sehen können in Beziehung zu Delacroix. In der Geschichte der Avantgarde ist der Kubismus der Augenblick der Vernunft, und nicht der des Klassizismus. Eine Vernunft, schwebend über dem Abgrund zwischen den Fauves und den Surrealisten. Dagegen sind die Geometrien Kandinskys und Mondrians geprägt von Okkultismus und Hermetismus und setzen so die tiefste und anhaltendste Strömung der romantischen Tradition fort. Die europäische Avantgarde, selbst in ihren rigorosesten und rationalsten Manifestationen – Kubismus und abstrakte Kunst –, setzte die romantische Tradition nicht nur fort, sondern verstärkte sie noch. Ihre Romantik war widersprüchlich: eine kritische Leidenschaft, die sich ständig selbst negiert, um sich zu behaupten.

Gegensätze, die jene der romantischen Epoche wider-
spiegeln, wenn auch in umgekehrter Weise: Pound verurteilt Góngora gerade zu der Zeit, als die jungen spanischen Dichter ihn zu ihrem Lehrmeister erklären; für
Breton sind die Mythen der Kelten und die Gralssage
Zeugnisse der *anderen* Tradition – der Tradition, die
Rom negiert und die nie ganz christlich war –, während
für Eliot dieselben Mythen spirituelle Bedeutung erst
erlangen, als sie mit dem römisch-katholischen Christentum in Berührung kommen; Pound sucht in der Provence eine Poetik, die Surrealisten sehen in der provenzalischen Dichtung eine doppelte subversive Erotik –
gegenüber der bürgerlichen Gesellschaft wegen ihrer
Verherrlichung des Ehebruchs, gegenüber der herrschenden Promiskuität wegen ihrer Feier des *amour unique* –;
die europäische Avantgarde bejaht die Ästhetik der Ausnahme, Eliot will die religiöse Ausnahme – die protestantische Trennung – in die christliche Ordnung Roms
wieder einbeziehen, und Pound trachtet danach, die geschichtliche Besonderheit, welche die Vereinigten Staaten sind, in eine universale Ordnung einzufügen; Dada
und die Surrealisten zerreißen die Gesetzbücher und
speien auf die Altäre und die Institutionen, Eliot glaubt
an die Kirche und an die Monarchie, Pound hält den Vereinigten Staaten das Bild eines Staatsoberhauptes vor Augen, der Führer, Philosoph und Retter in einem ist, eine
Mischung aus Konfuzius, Malatesta und Mussolini; für
die europäische Avantgarde befindet sich die ideale Gesellschaft außerhalb der Geschichte – sie ist die Welt der
Primitiven oder die Stadt der Zukunft, die undatierbare
Vergangenheit oder die kommunistische und anarchisti-
sche Utopie –, während die Archetypen, die uns Eliot
und Pound anbieten, Weltreiche und Kirchen sind, geschichtliche Modelle; Dada negiert die Werke der Ver-

gangenheit ebenso wie die der Gegenwart, die angloamerikanischen Dichter bemühen sich um die Rekonstruk-
tion einer Tradition; für die Surrealisten schreibt der
Dichter das, was das Unbewußte ihm diktiert, für sie
heißt Poesie, die *andere Stimme* transkribieren, die in
jedem von uns spricht, wenn wir die Stimme des Tagbe-
wußtseins zum Schweigen bringen; für die Angloamerikaner ist Poesie Technik, Beherrschung, Meisterschaft,
Klarheit; Breton war Trotzkist und Eliot Monarchist.
Die Liste der Gegensätze ist endlos. Selbst noch in den
politischen und moralischen »Irrtümern« findet sich die
Symmetrie des Gegensatzes: dem Faschismus Pounds
entspricht der Stalinismus Aragons, Eluards und Nerudas.
Die Surrealisten glauben an die subversive Macht des
Verlangens und an die revolutionäre Funktion der Erotik. Der Spanier Cernuda sieht in der Lust nicht nur ein
Explodieren des Körpers, sondern eine moralische und
politische Kritik an der christlichen und bürgerlichen
Gesellschaft: »Nieder mit den anonymen Statuen/ Vor-
schriften aus Nebel/ Ein Funke jener Lüste dort/
Glänzt in der Stunde der Rache/ Sein Glanz kann eure
Welt zerstören«.* Die unterschiedliche Bewertung der
Träume und Visionen ist nicht weniger bemerkenswert
und aufschlußreich als die der Erotik. Eliot bemerkte,
daß »Dante in einer Epoche (lebte), als die Menschen
noch Gesichte hatten ... Heute haben wir lediglich
Träume, und wir haben vergessen, daß das Hellsehen
früher eine interessantere, diszipliniertere und bedeut-
samere Art des Träumens war als die unsere. Wir halten
es für ausgemacht, daß unsere Träume von unten kommen, und womöglich darunter leidet die Qualität unse-

* *Los placeres prohibidos* (1931).

rer Träume.«* Die Surrealisten preisen die Träume und die Visionen, doch im Unterschied zu Eliot ziehen sie keinen Trennungsstrich zwischen ihnen: beide kommen von unten, beide sind Enthüllungen des Abgrunds und der »anderen Seite« des Menschen – der dunklen, der körperlichen. Es ist der Körper, der in den Träumen spricht.

Alle diese Gegensätze lassen sich zu einem verdichten: die europäische Avantgarde bricht mit allen Traditionen und setzt so die romantische Tradition des Bruchs fort; die angloamerikanische Bewegung bricht mit der romantischen Tradition. Im Gegensatz zum Surrealismus ist sie weniger eine Revolution als der Versuch einer Restauration. Der Protestantismus und die Romantik hatten die angelsächsische Welt von der religiösen und ästhetischen Tradition Europas abgeschnitten: der angloamerikanische *modernism* ist eine Rückkehr zu dieser Tradition. Eine Rückkehr? Ich habe schon auf seine ungewollte Ähnlichkeit mit der deutschen Romantik hingewiesen. Seine Negation der Romantik war ebenfalls romantisch: die Neuinterpretation der Romantik und der provenzalischen Dichter durch Pound und Eliot war nicht weniger exzentrisch als ein Jahrhundert vorher die Calderón-Lektüre der deutschen Romantiker. Der Stellenwert der Begriffe verkehrt sich, doch verschwinden weder die Begriffe noch die Beziehung zwischen ihnen. Der angloamerikanische *modernism* ist eine *andere* Version der europäischen Avantgarde, so wie der französische Symbolismus und der hispanoamerikanische *Modernismo* andere Versionen der Romantik waren. Versionen sind Metaphern und Metaphern sind Umwandlungen.

Die »Restauration« der Angloamerikaner war ein nicht weniger tiefgreifender und radikaler Wandel als die »Re-

* »Dante« (1929, in *Selected Essays*).

volution« der Surrealisten. Das trifft nicht nur für die *Cantos* und für *The Waste Land* zu – das spätere Werk Eliots verliert an poetischer Spannung in dem Maße, wie es an Klarheit und Festigkeit der religiösen Überzeugungen gewinnt –, sondern auch für die Poesie von e.e. cummings, Wallace Stevens, Marianne Moore und William Carlos Williams. Ich habe mich fast ausschließlich auf Pound und Eliot bezogen, weil es bei ihnen eine kritisch reflektierende und programmatische Seite gibt, welche die anderen Dichter dieser Generation nicht haben. Ich glaube übrigens nicht, daß diese Dichter weniger bedeutend sind als Pound und Eliot. Doch »bedeutend« ist ein dummes Wort: jeder Dichter ist einzig in seiner Art und unersetzlich. Die Poesie ist nicht meßbar, ist weder klein noch groß – ist nur Poesie. Ohne die verbalen Explosionen cummings', Ergebnis äußerster und bewundernswerter poetischer Verdichtung, ohne die transparente Dichte des Wallace Stevens der *Esthétique du Mal* und der *Notes toward a Supreme Fiction*, Gedichte, in denen, wie in *The Prelude*, der Blick des Dichters (doch schon ernüchtert und ohne die romantischen und avantgardistischen Illusionen) eine Brücke zwischen der »Seele und dem Himmel« spannt; ohne die Gedichte Williams', die, wie derselbe Stevens sagte, uns »eine neue Kenntnis von der Wirklichkeit« geben, würde die moderne angloamerikanische Poesie sehr verarmen. Und wir auch.
Der angloamerikanische Kosmopolitismus stellte sich anfangs als radikaler Formalismus dar. Gerade dieser Formalismus – poetische Collagen bei Pound und Eliot, verbale Transgressionen und Kombinationen bei cummings und Stevens – verbindet den *modernism* der Angelsachsen mit der europäischen und lateinamerikanischen Avantgarde. Obgleich er eine Gegenreaktion auf die Romantik sein wollte, war der angloamerikanische

Formalismus nur eine weitere, extremere Manifestation der Dualität, welche die moderne Dichtung seit ihrem Entstehen regiert: die Analogie und die Ironie. Das poetische System Pounds besteht darin, daß er Bilder als Schwärme von Zeichen auf der Buchseite präsentiert. Ideogramme, keine festen, sondern in Bewegung befindliche, gleich einer Landschaft, die man von einem Schiff aus sieht, oder genauer, so wie die Gestirne verschiedene Bilder ergeben, je nachdem, in welcher Konstellation sie auf dem Blatt des Himmels zueinander stehen. Beim Wort Konstellation denkt man sofort an Musik, und beim Gedanken an Musik mit seinen vielfältigen Assoziationen, vom erotischen Einklang der Körper bis zur politischen Übereinstimmung zwischen den Menschen, drängt sich der Name Mallarmé auf. Wir befinden uns im Zentrum der Analogie.

Pound ist kein Schüler Mallarmés, doch das Beste in seinem Werk gehört in die mit *Un coup de dés* begonnene Tradition. Sowohl in den *Cantos* als auch in *The Waste Land* ist die Analogie ständig zerrissen durch die Kritik, durch das ironische Bewußtsein. Bei Mallarmé und auch bei Duchamp hört die Analogie auf, eine Vision zu sein, und wird zu einem System von Verwandlungen. Wie die industriell-erotische, ironisch-mythische Dualität von *La mariée mise à nu par ses célibataires, même* sind alle Personen in *The Waste Land* wirklich und mythisch. Umkehrbarkeit der Zeichen und der Bedeutung: bei Duchamp ist Artemis ein Pin-up-Girl, und bei Eliot verwandelt sich das Bild des Himmels und seiner kreisenden Gestirne in das eines Packs Karten, von einer Kartenlegerin auf einem Tisch ausgelegt. Das Bild der Karten führt uns zu dem der Würfel und dieses wiederum zu dem der Konstellationen. In dem Spiegel des leeren Zimmers, das »Das Sonett auf x« beschreibt, sieht Mallarmé,

wie die sieben Sternenlichter des Großen Bären als sieben
Noten sich abzeichnen, die »den Himmel mit diesem
verlassenen Zimmer der Welt verbinden«. In *Arcane 17*
(wiederum das Tarot und die Magie der Karten) sieht
André Breton vom Fenster seines Zimmers aus die Nacht
als doppelte Nacht, als die irdische und als die der Geschichte des 20. Jahrhunderts, bis das schwarze Viereck
des Fensters, wie der Spiegel bei Mallarmé, allmählich
heller wird und ein Bild erscheint: »sieben Blumen, die
sich in sieben Sterne verwandeln«. Das Rotieren der Zeichen ist eine wahre Spirale, in deren Windungen, abwechselnd maskiert und nackt, ein Schwesternpaar auftaucht, verschwindet und erneut auftaucht: die Analogie
und die Ironie. Ein anonymes Gemeinschaftsgedicht,
wo jeder von uns nicht nur Autor oder Leser, sondern
eine Strophe, eine Handvoll Silben ist.

Es gibt eine merkwürdige Ähnlichkeit zwischen der Geschichte der modernen Dichtung in spanischer und in
englischer Sprache: Angloamerikaner und Hispanoamerikaner verlassen ihre Heimat fast in denselben Jahren;
sie machen sich in Europa die neuen Tendenzen zu eigen,
wandeln sie um und schaffen sie neu; sie überspringen
zwei große Hindernisse (die Pyrenäen und den Ärmel-
kanal); sie dringen in Madrid und London ein; sie wek-
ken die verschlafenen englischen und spanischen Dichter; die Neuerer (Pound und Huidobro) werden gallizi-
stischer und kosmopolitischer Häresien bezichtigt; zwei
große Dichter der älteren Generation (Yeats und Jiménes) kommen mit den neuen Richtungen in Berührung,
legen ihre symbolistischen Gewänder ab und schreiben
gegen Ende ihres Lebens ihre besten Gedichte; der an-
fängliche Kosmopolitismus erzeugt schon bald seine Ne-

gation: den Amerikanismus von William Carlos Williams und César Vallejo. Die Schwankungen zwischen Kosmopolitismus und Amerikanismus offenbaren unsere doppelte Versuchung, unsere gemeinsame Illusion: das Land, das wir verlassen: Europa, und das Land, das wir suchen: Amerika.

Die Ähnlichkeit in der Entwicklung der angloamerikanischen und der hispanoamerikanischen Literatur rührt daher, daß beide Literaturen in verpflanzten Sprachen geschrieben sind. Zwischen uns und dem amerikanischen Boden tat sich ein leerer Raum auf, den wir mit fremden Worten anfüllen mußten. Auch wenn wir Indios oder Mestizen sind, unser Idiom ist europäisch. Die Geschichte unserer Literaturen ist die Geschichte unserer Beziehungen zum amerikanischen Raum, aber zugleich auch zu dem Raum, in dem die Worte, die wir sprechen, entstanden sind und sich entwickelt haben. Am Anfang waren unsere Literaturen ein Abglanz der europäischen. Indes entsteht im 17. Jahrhundert in Hispanoamerika eine eigene Version der Barockdichtung, die das spanische Vorbild nicht nur bis zum Extrem treibt, sondern die manchmal auch über es hinausgeht. Der erste große amerikanische Dichter ist eine Frau, Sor Juana Inés de la Cruz. Ihr Langgedicht »El sueño« (1692) ist unser erster kosmopolitischer Text; wie später Pound und Borges konstruiert die mexikanische Nonne einen Text wie einen Turm – von neuem der Turm von Babel. In anderen Gedichten von ihr finden sich, als ein weiteres Beispiel ihres Kosmopolitismus, die mexikanische Note und das Gemisch von Sprachen: Latein, Kastilisch, Náhuatl, Portugiesisch und die volkstümlichen Dialekte der Indios, Mestizen und Mulatten. Der Amerikanismus Sor Juanas ist, wie der Borges', ein Kosmopolitismus; seinerseits ist dieser Kosmopolitismus Ausdruck einer spezifisch mexikanischen, beziehungsweise argentinischen Wesensart. Spricht Sor Juana von Pyramiden, führt sie die Ägyptens an und nicht die von Teotihuacán; schreibt sie ein Sakramentspiel (»El divino Narciso«), wird die heidnische Welt nicht durch einen griechischen oder römischen Gott personifiziert, sondern durch den präkolumbischen Gott des Saatkorns.

Die Spannung zwischen Kosmopolitismus und Amerikanismus, zwischen gehobener Sprache und Umgangssprache, besteht in der hispanoamerikanischen Dichtung seit der Epoche von Sor Juana Inés de la Cruz. Bei den hispanoamerikanischen Modernisten Ende des Jahrhunderts war in der Anfangsphase der Kosmopolitismus die vorherrschende Tendenz, doch im Innern der Bewegung selbst entstand, wie ich aufgezeigt habe, die kolloquiale, kritische und ironische Reaktion (der sogenannte »Postmodernismo«). Gegen 1915 war die hispanoamerikanische Dichtung gekennzeichnet durch ihren Regionalismus und Provinzialismus, durch ihre Vorliebe für die Umgangssprache und ihre ironische Betrachtungsweise der Welt und des Menschen. Wenn Lugones vom Friseur an der Ecke spricht, ist dieser Friseur kein Symbol, sondern ein wunderbares menschliches Wesen, eben weil er der Friseur an der Ecke ist. López Velarde preist die Macht des Senfkorns und versichert, daß seine Stimme »die Zwillingsschwester des Zimts« ist. In Spanien führte der hispanoamerikanische Kolloquialismus zur Rückbesinnung auf die überaus reiche traditionelle Dichtung, ob mittelalterlich oder modern. Bei Antonio Machado und Juan Ramón Jiménez prädominierte auch die Ästhetik (und die Ethik) des unendlich Kleinen: alle Welten haben Platz in einer Copla. Einige junge Dichter schlugen einen anderen Weg ein: den eines mehr oder weniger von Valéry inspirierten Symbolismus mit einem klassischen Bewußtsein, wie bei Alfonso Reyes in seiner *Ifigenia cruel* (1924), oder den einer Poesie, die allem Pittoresken entsagt hat wie die von Jorge Guillén. Die extreme Alternative aber war das Aufkommen eines neuen Kosmopolitismus, nicht mehr verschwägert mit dem Symbolismus, sondern mit der französischen Avantgarde von Apollinaire und Reverdy. Wie 1885 war der Initiator ein Hispanoamerikaner: Ende 1916 kommt der junge chilenische Dichter Vicente Huidobro nach Paris, und etwas später, 1918, veröffentlicht er in Madrid *Ecuatorial* und *Poemas árticos*. Mit diesen Büchern beginnt die Avantgarde in spanischer Sprache.

Huidobro wurde einerseits verehrt, andererseits mit Geringschätzung behandelt. Seine Poesie und seine Ideen begeisterten viele junge Menschen, und zwei Bewegungen entstanden nach seinem Vorbild, der spanische und der argentinische »Ultraismo« – beide von Huidobro als Imitationen seines »Creacionismo« erbost abgelehnt. Die Ideen Huidobros haben eine unbestreitbare Ähnlichkeit mit jenen, die Reverdy damals entwickelte: Der Dichter kopiert Wirklichkeiten nicht, er bringt sie hervor. Huidobro sagte, der Dichter ahmt nicht die Natur nach, sondern deren Verfahrensweisen: er bringt Poesie hervor, wie Regen und Erde Bäume hervorbringen. Ähnliches sagte Williams in den Prosastücken, die er in der ersten Ausgabe von *Spring and All* (1923) einschaltete: Wie der Dampf und die Elektrizität Licht, so erzeugt der Dichter poetische Gegenstände. Aber Huidobro ähnelt nicht Williams, sondern e.e. cummings. Beide kommen von Apollinaire her, beide sind Lyriker und Erotiker, beide erregten mit ihren syntaktischen und typographischen Neuerungen Anstoß. e.e. cummings ist konzentrierter und perfekter, Huidobro vielseitiger. Seine Sprache war international (was eher nachteilig war) und mehr visuell als auditiv. Nicht das Idiom eines Landes, sondern eines Luftraums. Das Idiom eines Fliegers: die Worte sind Fallschirme, die sich im freien Fall öffnen. Bevor sie den Boden berühren, bersten sie und zerstieben in farbenprächtige Effekte. Das große Gedicht Huidobros ist *Altazor* (1931): der Habicht, der aus der Höhe herabstößt, vorbei an Sternen, die ihn verbrennen. Die Worte verlieren ihre Bedeutungsschwere und werden weniger Zeichen denn Spuren einer astralen Katastrophe. In der Gestalt des Flieger-Poeten taucht der romantische Mythos von Luzifer wieder auf.

Die hispanoamerikanische Avantgarde und der angloamerikanische *modernism* waren sowohl Überschreitungen der in London und Madrid herrschenden Regeln als auch Fluchten aus dem amerikanischen Provinzialismus. Auf beide Bewegungen übte die Dichtung des Ostens, insbesondere das Haiku, einen wohltuenden Einfluß aus. José Juan Tablada, der auch Autor ideographischer und simultaneistischer Poeme war, hat das Haiku in spanischer Sprache begründet. Indes sind diese Ähnlichkeiten rein äußerlich. Entgegengesetzte Kosmopolitismen: was Pound und Eliot in Europa suchten, war genau das Gegenteil dessen, was Huidobro, Oliverio Girondo und der Borges jener Jahre suchten. Der *modernism* wollte zu Dante und zur Provence zurückkehren; die Hispanoamerikaner wollten die Revolte gegen diese Tradition aufs Äußerste treiben. Deshalb hat sich Huidobro von Darío nie losgesagt: sein Creacionismo war nicht die Negation des Modernismo, sondern sein Nonplusultra.

In ihrer ersten Phase war die hispanoamerikanische Avantgarde von der französischen abhängig, so wie vordem die ersten Modernisten den Parnassiens und den Symbolisten gefolgt waren. Die Rebellion gegen den neuen Kosmopolitismus nahm wiederum die Form eines

Nativismus oder Amerikanismus an. Das erste Buch César Vallejos, *Los heraldos negros* (1918), führte die Linie der Dichtung seit Lugones fort. In seinem zweiten Buch, *Trilce* (1922), assimilierte der peruanische Dichter die internationalen Formen der Avantgarde, machte sie sich zu eigen. Eine wahre Übertragung, will sagen, eine Umwandlung. Das Gegenteil von Huidobro: Poesie des Landes und nicht der Luft. Nicht irgendein Land: eine Geschichte, eine Sprache. Peru: Menschen, Steine, Daten. Indianische und spanische Zeichen. Die Sprache von *Trilce* konnte nur die eines Peruaners sein, doch eines Peruaners, der zugleich ein Dichter ist, der in jedem Peruaner den Menschen und in jedem Menschen den Zeugen und das Opfer sieht. Vallejo war ein großer religiöser Dichter. Obgleich militanter Kommunist, war der Hintergrund seiner Weltsicht und seiner Glaubensanschauungen nicht die kritische Philosophie des Marxismus, sondern es waren die alten Mysterien des Christentums seiner Kindheit und seines Volkes: die Kommunion, die Transsubstantiation, die Sehnsucht nach Unsterblichkeit. Seine verbalen Erfindungen beeindrucken nicht nur durch ihre außerordentliche Konzentration, sondern auch durch ihre Authentizität. Bisweilen stolpern wir über Ausdrucksfehler, Unbeholfenheiten, Gestammel. Das macht nichts: auch seine weniger gelungenen Gedichte sind lebendig.

Der Nativismus und der Amerikanismus finden sich bei vielen Dichtern dieser Periode. Zum Beispiel bei dem Borges von *Fervor de Buenos Aires* (1923), das eine Reihe von großartigen Gedichten auf den Tod und auf die Toten enthält. Auch in den Vereinigten Staaten kam es zu einer Gegenreaktion auf den Kosmopolitismus Eliots, hauptsächlich seitens Williams' und der »Objektivisten« wie Louis Zukofsky und George Oppen. Wiederum ist die Ähnlichkeit rein formal. Die Angloamerikaner interessierten sich angesichts der Landschaft des Industriezeitalters vor allem für den Gegenstand – seine Geometrie, seine inneren und äußeren Beziehungen – und verspürten kaum Nostalgie nach der vorindustriellen Welt. Bei den Hispanoamerikanern jedoch war diese Nostalgie ein wesentliches Element. Die Industrie taucht bei den Angloamerikanern nicht als Thema auf, sondern als Kontext. Bei ihnen begegnet uns dasselbe wie bei Properz: seine Modernität besteht nicht im Thema der Großstadt, sondern darin, daß die Großstadt in seinen Gedichten auftaucht, ohne daß der Dichter das beabsichtigt. Dagegen bedienen sich einige hispanoamerikanische Dichter – Carlos Pellicer und Jorge Carrera Andrade – der Worte und Metaphern der modernen Poesie – auch des Haiku –, um der amerikanischen Landschaft Ausdruck zu verleihen: Luftfahrt und Vergil. Es ist aufschlußreich, daß in Pellicers Poesie die präkolumbischen Ruinen eine ähnlich bevorzugte Stelle einnehmen wie die Magie des industriellen Gegenstandes bei einem Zukofsky.

Die Episoden des Modernismo wiederholen sich: Der hispanoamerikanische Nativismus und Kolloquialismus wurden in Spanien zum Traditionalismus: Romanzen und Lieder von Federico García Lorca und Rafael Alberti. Der Einfluß Juan Ramón Jimenéz' war für die junge spanische Dichtung richtungweisend. Gleichwohl kommt es 1927, im dreihundertsten Todesjahr von Góngora, zu einem Richtungswechsel. Die Rehabilitierung Góngoras wurde von Rubén Darío in Gang gesetzt, und darauf folgten die Studien verschiedener hervorragender Kritiker. Doch ist die Auferstehung des großen andalusischen Dichters zwei Umständen zu verdanken: zum einen, daß sich unter den Kritikern ein Dichter, Dámaso

Alonso, befand; zum anderen, und das war entscheidend, daß die jungen spanischen Dichter zwischen der Ästhetik Góngoras und jener der Avantgarde eine Koinzidenz feststellten. In seiner *Antología poética en honor de Góngora* (Madrid, 1927), betont der Dichter Gerardo Diego, daß es darum gehe, verbale Gegenstände (Gedichte) »aus einzelnen Worten« zu schaffen, aus Worten, »die mehr von einer Beschwörung, als von einem Vers haben«. Die Ästhetik Reverdys und Huidobros. Derselbe Gerardo Diego veröffentlichte später ein denkwürdiges Gedicht, *Fábula de Equis y Zeda* (1932), in dem sich der Barrockismus mit dem Creacionismo verband. Der Formalismus der Avantgarde verknüpfte sich im Geiste der spanischen Dichter mit dem Formalismus Góngoras. Es nimmt nicht wunder, daß José Ortega y Gasset in diesen Jahren *La deshumanización del arte* (Die Vertreibung des Menschen aus der Kunst) veröffentlichte.

Zwei Dichter widerstanden dem Traditionalismus ebenso wie dem Neogongorismus: Pedro Salinas und Jorge Guillén. Der erstere war der Autor einer Art lyrischer Monologe, in denen sich das moderne Leben – Kino, Autos, Telephone, Heizkörper – in den reinen Wassern einer Erotik, die aus der Provence kommt, spiegelt. Das Werk Guilléns, habe ich einmal geschrieben, »ist eine Insel und eine Brücke«. Eine Insel: gegenüber dem Getöse der Avantgarde besitzt Guillén die unglaubliche Insolenz zu sagen, daß auch die Perfektion revolutionär ist; und eine Brücke: »Von Anfang an war Guillén ein Meister, für seine Zeitgenossen (García Lorca) ebenso wie für uns, die wir nach ihm kamen.«*

Ein neuer Bruch: die parasurrealistische Explosion. In den Ländern englischer Sprache wirkte der Einfluß des

---

* »Horas situadas de Jorge Guillén«, in *Puertas al campo*, Barcelona 1972.

Surrealismus erst spät und oberflächlich (bis in den fünfziger Jahren Frank O'Hara und John Ashbery auftauchten). Dagegen hat er in Spanien und Hispanoamerika schon früh und nachhaltig gewirkt. Ich habe von »Einfluß« gesprochen, weil es, obgleich es Künstler und Dichter gab, die zu verschiedenen Zeiten an der surrealistischen Bewegung teilnahmen – Picabia, Buñuel, Dalí, Miró, Matta, Lam, César Moro und ich selbst –, weder in Spanien noch in Amerika eine surrealistische Aktivität im strengen Sinne gegeben hat. (Eine Ausnahme: die chilenische Gruppe *Mandrágora*, gegründet 1936 von Braulio Arenas, Enrique Gómez Carrea, Gonzalo Rojas und anderen.) Viele Dichter dieser Periode übernahmen das Traumverfahren und andere surrealistische Methoden, aber man kann nicht sagen, daß Neruda, Alberti oder Aleixandre surrealistische Dichter gewesen sind, auch wenn ihre Suche und ihre Funde in einigen Phasen ihres Schaffens mit denen der Surrealisten koinzidierten. 1933 erscheint in Madrid ein Buch von Pablo Neruda, *Residencia en la tierra* (Aufenthalt auf Erden). Ein wesentliches Buch. Huidobros Poesie gemahnt an das Element Luft; die Vallejos an die Erde; die Nerudas an das Wasser. Eher an das Wasser des Meeres als an das eines Sees. Nerudas Einfluß war wie eine Überschwemmung, die sich ausbreitet und weite Gebiete überflutet – dunkle, gewaltige, somnambule Wasser. Diese Jahre waren überaus fruchtbar: *Poeta en Nueva York* (1929), wahrscheinlich das beste Buch von Federico García Lorca, das auch einige der stärksten Gedichte dieses Jahrhunderts, wie die »Oda a Walt Whitman«, enthält; *La destrucción o el amor* (1935) von Vicente Aleixandre, eine zugleich düstere und prächtige Vision der erotischen Leidenschaft; *Sermones y moradas* (1930) von Rafael Alberti, eine Subversion der religiösen Sprache, die zu deli-

rieren beginnt und Bomben an die Altäre und Beicht-
stühle legt; die *Nocturnos* (1933) von Xavier Villaurrutia,
von denen sechs oder sieben Gedichte zu den besten dieses Jahrzehnts gehören, eine metallische, glänzende, be-
klemmende Poesie: die doppelte Stimme des Verlangens
und der Sterilität; Ricardo Molinari, in dessen sonderba-
rem Mittag es Bäume ohne Schatten gibt; Luis Cernuda,
der sich klarsichtig und tapfer zur Dualität des Wortes
Lust bekennt – aktive Kritik der Gesellschaftsmoral und
Tür, die auf den Tod hinausgeht. Der spanische Bürger-
krieg und der zweite Weltkrieg setzten dieser intensiven
Periode ein Ende. Versprengung der spanischen und Isolierung der hispanoamerikanischen Dichter.
Viele dieser Dichter gingen von der individuellen Rebellion zur sozialen Rebellion über. Einige traten in
die Kommunistische Partei ein, andere schlossen sich
kulturellen Organisationen an, welche die Stalinisten
im Schatten der Volksfronten geschaffen hatten. Das
Ergebnis war die Nutzung vieler edler Triebe – wiewohl es auch eine nicht geringe Dosis Opportunismus
gab – für die kommunistischen Bürokratien. Die Dichter bekannten sich zum »sozialistischen Realismus« und
betrieben eine Dichtung sozialer und politischer Propa-
ganda. Die Suche nach dem Wort und dem dichterischen Abenteuer wurde aufgegeben zugunsten der Ein-
deutigkeit und politischen Wirksamkeit. Ein großer Teil
dieser Dichtungen ist verschwunden, war so ephemer
wie die Nachrichten und die Leitartikel der Zeitungen.
Sie wollten Zeugnis der Geschichte sein, doch die Geschichte hat sie ausgelöscht. Das Schlimmste war nicht
der Mangel an dichterischer Kraft, sondern der Mangel
an Moral: die Hymnen und Oden an Stalin, Molotow,
Mao – und die mehr oder weniger gereimten Invektiven
gegen Trotzki, Tito und andere Dissidenten. Ein merk-

würdiger Realismus, der seine Urheber nach den Enthüllungen Chruschtschows zum Widerruf zwingt. Die Wahrheiten von gestern sind die Lügen von heute: Wo ist die Realität? Diese Epoche war die der »Schmach der Dichter«, wie Benjamin Péret sie genannt hat.

Auch jene, die sich weigerten, ihre Kunst in den Dienst einer Partei zu stellen, verzichteten fast völlig auf das Experiment und die Erfindung. Eine allgemeine Rückkehr zur Ordnung. Politischer Didaktismus und neoklassische Rhetorik. Die alten Avantgardisten – Borges, Villaurrutia – verlegten sich auf das Schreiben von Sonetten und Dezimen. Zwei Bücher, die für diese Periode repräsentativ sind: der *Canto general* (1950) von Pablo Neruda und *Muerte sin fin* (1939) von José Gorostiza. Das erstere ist maßlos, zusammenhanglos, überladen, aber hier und da durchsetzt von starken Passagen großer materieller Poesie: Sprach-Lava und Sprach-Flut. Das andere ist ein Gedicht von achthundert Blankversen, ein Diskurs, bei dem das intellektuelle Bewußtsein sich so lange über den Fluß der Sprache beugt, bis er zu harter Transparenz gefriert. Rhetorik und große Dichtung. Zwei Extreme: das Ja der Leidenschaft und das Nein der Reflexion. Ein Monument der Eloquenz und ein Monument der Verhaltenheit.

Gegen 1945 teilte sich die Dichtung unserer Sprache in zwei Schulen: die des »sozialistischen Realismus« und die der reuigen Avantgardisten. Einige wenige Bücher vereinzelter Dichter leiteten den Wandel ein. Und hier nun muß alles Bemühen um Objektivität scheitern: selbst wenn ich es wollte, könnte ich mich nicht außerhalb dieser Periode stellen. Ich will mich daher auf einige knappe Angaben beschränken. Alles beginnt – beginnt von neuem – mit einem Buch von José Lezama Lima, *La fijeza* (1944). Etwas später (hier muß ich mich selbst anführen) folgt *Libertad bajo palabra* (1949) und *¿ Aguila o sol?* (1950). In Buenos Aires erscheint von Enrique Molina *Costumbres errantes o la redondez de la tierra* (1951). Etwa in denselben Jahren erscheinen die ersten Bücher von Nicanor Parra, Alberto Girri, Jaime Sabines, Cintio Vitier, Roberto Juarroz, Álvaro Mutis ... Diese Namen und diese Bücher repräsentieren nicht die ganze zeitgenössische hispanoamerikanische Poesie: sie sind ihr Anfang. Von dem zu sprechen, was folgte, so bedeutend es sein mag, hieße einen bloßen chronikalischen Bericht zu geben. Der Anfang: eine verborgene, fast unsichtbare Aktivität, die kaum Beachtung fand. In gewissem Sinne war es eine Rückkehr zur Avantgarde. Aber es war eine lautlose, geheime, ernüchterte Avantgarde. Eine *andere* Avantgarde, selbstkritisch und in einsamer Rebellion gegen die Schule, zu der die erste Avantgarde geworden war. Es ging nicht mehr wie 1920 darum, zu erfinden, sondern zu erforschen. Das Gebiet, das diese Dichter lockte, war nicht außen und auch nicht innen. Es war dieser Bereich, wo Innen und Außen ineinander übergehen: der Bereich der Sprache. Ihre Sorge galt nicht der Ästhetik; für diese jungen Dichter war die Sprache Schicksal und Wahl zugleich. Eine Gegebenheit und etwas, das wir erschaffen. Etwas, das uns erschafft.

Die Sprache ist der Mensch, aber sie ist auch die Welt. Sie ist Geschichte und Biographie: die anderen und ich. Diese Dichter hatten gelernt zu reflektieren und über sich selbst zu spotten: sie wußten, daß der Dichter das Werkzeug der Sprache ist. Sie wußten auch, daß mit ihnen die Welt nicht begann, aber daß sie mit ihnen vielleicht enden würde: sie hatten den Nazismus, den Stalinismus und die Atomexplosionen in Japan erlebt. Ihr Kontakt zu Spanien war fast völlig abgerissen, nicht nur der politischen Umstände wegen, sondern auch, weil die spanischen Dichter der Nachkriegszeit der Rhetorik der sozialen oder der religiösen Dichtung verhaftet blieben. Die jungen Dichter fühlten sich vom Surrealismus angezogen, einer Bewegung, die, als sie auf sie stießen, ihren Höhepunkt schon überschritten hatte. In den angloamerikanischen Dichtern nach dem *modernism* – Lowell, Olson, Bishop, Ginsberg – sahen sie ihre wahren Zeitgenossen, selbst wenn (oder gerade weil) diese Dichter den anderen, den der modernen Tradition entgegengesetzten Aspekt vertraten. Sie entdeckten auch Pessoa und, durch Pessoa, die Brasilianer und Portugiesen ihrer Generation wie Cabral de Melo Neto. Obgleich einige Katholiken waren und andere Kommunisten, neigten sie im allgemeinen zur individualistischen Dissidenz und schwankten zwischen dem Trotzkismus und dem Anarchismus. Indes sind die ideologischen Klassifikationen auf diese Schriftsteller nicht voll anwendbar. Fast alle haben einen Abscheu gegen die westliche Zivilisation und fühlen sich vom Orient, den »Primitiven« oder dem präkolumbischen Amerika angezogen. Ein religiöser Atheismus, eine rebellische Religiosität. Mehr die Suche nach einer Erotik denn nach einer Poetik. Fast alle erkannten sich in einem Ausspruch von Camus in jenen Jahren der zweiten Nachkriegszeit wieder: »Solitaire solidaire«. Es war eine Generation, die die Marginalität akzeptierte und sie zu ihrer wahren Heimat machte.

Die Dichtung der »Postavantgarde« (ich weiß nicht, ob man sich mit dieser nicht ganz exakten Bezeichnung, die einige Kritiker uns geben, abfinden muß) entstand als eine stille Rebellion vereinzelter Menschen. Sie begann als ein unmerklicher Wandel, der sich zehn Jahre später als irreversibel erwies. Zwischen Kosmopolitismus und Amerikanismus war meine Generation rigoros: wir sind verurteilt, Amerikaner zu sein, so wie unsere Väter und Großväter dazu verurteilt waren, Amerika zu suchen oder von dort zu fliehen. Unser Sprung war ein Sprung in unser eigenes Innere.

3. Der Tod der Avantgarde

Die Opposition gegen die Moderne wirkt innerhalb der Moderne. Die Kritik der Moderne ist eine der Funktionen des modernen Geistes; mehr noch: sie ist eines der Mittel, sie zu verwirklichen. Die moderne Epoche ist die Zeit der Spaltung und der Negation ihrer selbst, die Zeit der Kritik. Die Moderne hat sich mit dem Wandel identifiziert, hat den Wandel mit der Kritik und beide mit dem Fortschritt identifiziert. Die moderne Kunst ist modern, weil sie kritisch ist. Ihre Kritik hat sich in zwei entgegengesetzte Richtungen entfaltet: sie war eine Negation der linearen Zeit der Neuzeit und eine Negation ihrer selbst. Im ersten Fall negierte sie die Moderne; im zweiten bejahte sie sie. Gegenüber der Geschichte und ihren Wandlungen postulierte sie die zeitlose Zeit des Ursprungs, den Augenblick oder den Zyklus; gegenüber ihrer eigenen Tradition postulierte sie den Wandel und die Kritik. Jede künstlerische Bewegung negierte die vorhergehende, und durch jede dieser Negationen lebte die Kunst fort. Nur in der linearen Zeit konnte sich die Negation voll entfalten, und nur in einem kritischen Zeitalter wie dem unseren konnte die Kritik schöpferisch sein. Heute sind wir Zeugen einer weiteren Wandlung: die moderne Kunst beginnt ihre Negationskraft zu verlieren. Seit Jahren schon sind ihre Negationen rituelle Wiederholungen: die Rebellion ist zur Methode geworden, die Kritik zur Rhetorik, die Überschreitung zur Zeremonie. Die

Negation hat aufgehört, schöpferisch zu sein. Ich sage nicht, daß wir das Ende der Kunst erleben: wir erleben das Ende des *Begriffs der modernen Kunst.*

Kunst und Dichtung sind von unserem irdischen Schicksal nicht zu trennen: es hat Kunst gegeben, seit der Mensch sich seines Menschseins bewußt wurde, und es wird so lange Kunst geben, bis der Mensch von der Erde verschwindet. Aber unsere Auffassungen von der Kunst sind so zahlreich und verschieden – von der magischen Sehweise des Primitiven bis zu den Manifesten des Surrealismus – wie die Gesellschaften und die Kulturen. Der Kräfteverfall der Tradition des Bruchs ist Ausdruck der allgemeinen Krise der Moderne. In einigen meiner Schriften habe ich mich mit diesem Thema befaßt.*Hier werde ich mich auf eine kurze Aufzählung der augenfälligsten Symptome beschränken.

In den ersten beiden Kapiteln habe ich darauf hingewiesen, daß unser Zeitbegriff das Ergebnis eines kritischen Verfahrens ist: auf die Zerstörung der christlichen Ewigkeit folgte die Säkularisierung ihrer Werte und ihre Transponierung in eine andere Zeitkategorie. Das moderne Zeitalter beginnt mit dem Aufstand der Zukunft. In der Perspektive des mittelalterlichen Christentums war die Zukunft sterblich: das Jüngste Gericht würde zugleich der Tag ihrer Abschaffung und des Anbruchs einer ewigen Gegenwart sein. Das kritische Verfahren der Moderne hat die Begriffe verkehrt: die einzige Ewigkeit, die der Mensch kannte, war die Zukunft. Für den Christen des Mittelalters mündet das Erdenleben in die Ewigkeit der Gerechten oder der Verdammten; für die modernen Menschen ist es ein endloser Marsch auf die

---

* *Corriente alterna,* México 1967; *Conjunciones y disyunciones,* México 1969, (Deutsch: Verbindungen–Trennungen, Frankfurt, 1984); Interview mit Rita Guibert, in *Seven Voices,* New York 1973.

Zukunft zu. Dort, nicht in der überirdischen Ewigkeit, liegt die höchste Vollendung. Heute, in der zweiten Hälfte des 20. Jahrhunderts, gibt es Anzeichen für einen Wandel in unserem System von Anschauungen. Die Konzeption der Geschichte als eine fortschreitende lineare Entwicklung hat sich als nicht haltbar erwiesen. Dieser Glaube entstand mit der Neuzeit, und in gewisser Weise war er ihre Rechtfertigung, ihre *raison d'être*. Sein Bankrott offenbart einen Bruch im zeitgenössischen Bewußtsein selbst: die Moderne beginnt den Glauben an sich selbst zu verlieren.

Der Glaube an die Geschichte als ein kontinuierliches Fortschreiten, wenngleich nicht ohne Fehltritte und Stürze, hat viele Formen angenommen. Manchmal bekundete er sich in einer naiven Anwendung des »Darwinismus« auf den Bereich der Geschichte und der Gesellschaft; andere Male war er eine Vision des geschichtlichen Prozesses als fortschreitende Verwirklichung der Freiheit, der Gerechtigkeit, der Vernunft oder irgendeines ähnlichen Wertes. In anderen Fällen wurde Geschichte gleichgesetzt mit der Entwicklung der Wissenschaft und der Technik oder mit der Herrschaft des Menschen über die Natur oder auch mit der Universalisierung der Kultur. Alle diese Ideen haben eines gemeinsam: Die Bestimmung des Menschen ist die Kolonisierung der Zukunft. In den letzten Jahren ist ein jäher Wandel eingetreten: die Menschen sehen die Zukunft mit Schrekken, und das, was gestern noch die Wunderwerke des Fortschritts zu sein schienen, sind heute dessen Katastrophen. Die Zukunft ist nicht mehr die Verheißung der Vollkommenheit, sondern sie birgt Schrecken. Demographen, Ökologen, Soziologen, Physiker und Genetiker denunzieren das Voranschreiten in die Zukunft als einen Weg ins Verderben. Die einen sehen die Erschöpfung der natürlichen Ressourcen voraus, andere die Kontamination des Erdballs und wieder andere eine atomare Katastrophe. Das Werk des Fortschritts heißt Hunger, Vergiftung, Vernichtung. Es bleibe dahingestellt, ob diese Prophezeiungen übertrieben sind oder nicht: ich sage, daß sie Ausdruck des allgemeinen Zweifels am Fortschritt sind. Es ist bezeichnend, daß in einem Land wie den Vereinigten Staaten, wo das Wort *Veränderung* eine abergläubische Verehrung genossen hat, heute ein anderes Wort auftaucht, das seine Widerlegung ist: *Bewahrung*. Die Werte, die *Veränderung* ausstrahlte, haben sich auf *Bewahrung* übertragen. Die Gegenwart unterzieht die Zukunft der Kritik und beginnt sie zu verdrängen.

Der Marxismus war wahrscheinlich der kohärenteste und kühnste Ausdruck der Auffassung der Geschichte als eines progressiven linearen Prozesses. Der kohärenteste, weil er die Geschichte als einen Prozeß versteht, der die Strenge eines rationalen Diskurses besitzt; der kühnste, weil dieser Diskurs sowohl Vergangenheit und Gegenwart des Menschengeschlechts als auch dessen Zukunft umfaßt. Wissenschaft und Prophetie. Für Marx ist die Geschichte nicht pluralisch, sondern eine einzige, und sie entfaltet sich wie die Folge von Propositionen einer Beweisführung. Jede Proposition erzeugt eine Erwiderung, und so, durch Negationen und Widersprüche, schafft die Beweisführung neue Propositionen. Die Geschichte ist ein Text, der Texte erzeugt. Dieser Text ist ein einmaliger Prozeß, der vom Kommunismus der primitiven Gesellschaften zum späteren Kommunismus des Industriezeitalters führt. Die Protagonisten dieses Prozesses sind die Gesellschaftsklassen, und die treibende Kraft sind die verschiedenen Produktionstechniken. Jede geschichtliche Periode markiert einen Fortschritt gegenüber der vorhergehenden, und in jeder Periode repräsentiert eine Gesellschaftsklasse die gesamte Menschheit: der Feudaladel, die Bourgeoisie, das Proletariat. Dieses letztere verkörpert die Gegenwart und die unmittelbare Zukunft der Geschichte ... Ich wiederhole, was wir alle wissen: wenn die Gewalttaten und die Umwälzungen im 20. Jahrhundert den apokalyptischen Geist von Marx auch bestätigen, so negiert doch die Art und Weise, wie sie sich ereignet haben, die angebliche Rationalität des historischen Prozesses.

Sowohl das Ausbleiben proletarischer Revolutionen in den industriell am stärksten entwickelten Ländern als auch die Revolten an der Peripherie des Okzidents zeigen, daß die marxistische Ideologie die treibende Kraft nicht der proletarischen Weltrevolution war, sondern des nationalen Wiederauflebens Rußlands, Chinas und anderer Länder, denen der Eintritt ins industrielle und technologische Zeitalter erst spät gelang. Die Protagonisten aller dieser Umwälzungen waren nicht die Arbeiter, sondern Klassen und Gruppen, welche die Theorie an den Rand des historischen Prozesses oder in dessen Nachtrab verwiesen hatte: Intellektuelle, Bauern, Kleinbürger. Und das Schlimmste: die siegreichen Revolutionen haben sich, von einem wirklich marxistischen Gesichtspunkt aus gesehen, in anomale Regime verwandelt. Eine geschichtliche Aberration: der Sozialismus nimmt die Form der Diktatur einer neuen Klasse oder bürokratischen Kaste an. Diese Verirrung hört auf, eine zu sein, wenn wir auf die Auffassung der Geschichte als eines fortschreitenden linearen Prozesses, dem eine Rationalität innewohnt, verzichten. Eben das aber fällt uns schwer, denn der Verzicht auf diesen Glauben bedeutet auch das Ende unserer Prätentionen auf die Lenkung der Zukunft. Indes handelt es sich nicht darum, auf den Sozialismus als eine ethisch und politisch *freie Wahl* zu verzichten, sondern auf die Idee des Sozialismus als eines *notwendigen Produkts* des historischen Prozesses. Die Kritik der politischen und moralischen Verirrungen der zeitgenössischen »Sozialismen« muß mit der Kritik unserer geistigen Verirrungen beginnen. Nein, die Geschichte ist nicht eine einzige: sie ist pluralisch. Sie ist die Geschichte der wunderbaren Mannigfaltigkeit von Gesellschaften und Zivilisationen, welche die Menschen geschaffen haben. Unsere Zukunft, unser Begriff von der Zukunft, beginnt zu wanken: die Pluralität von Vergangenheit macht die Pluralität von Zukunft plausibel.

Die Revolten in den rückständigen Ländern und an der Peripherie der Industriegesellschaften widerlegen die Vorhersagen des revolutionären Denkens; die Rebellionen und Unruhen in den hochentwickelten Ländern unterminieren noch gründlicher die Vorstellung, welche sich die Evolutionisten, die Liberalen und die progressistische Bourgeoisie von der Zukunft gemacht hatten. Es ist bemerkenswert, daß das Proletariat, eben die Klasse, der die revolutionäre Bestimmung *per se* zugeschrieben wurde, an den Unruhen, die die Industriegesellschaften erschütterten, nicht teilgenommen hat. Kürzlich hat man versucht, dieses Phänomen mit einer neuen sozialen Kategorie zu erklären: die am meisten entwickelten Gesellschaften, insbesondere die Vereinigten Staaten, befinden sich bereits in einer postindustriellen Phase.* Diese ist charakterisiert durch die Bedeutung dessen, was man die Produktion von Produktionswissen nennen könnte. Eine neue Produktionsweise, bei der Wissenschaft und Technik den zentralen Platz einnehmen, der zuvor der Industrie zukam. In der postindustriellen Ge-

---

* Cf. Daniel Bell, »The Post-Industrial Society: The Evolution of an Idea«, *Survey*, 78 und 79, Cambridge, Mass. 1971.

sellschaft sind die sozialen Kämpfe nicht die Folge des Gegensatzes zwischen Arbeit und Kapital, sondern es sind Konflikte kultureller, religiöser und psychischer Art. So können die Studentenunruhen der sechziger Jahre als eine instinktive Rebellion gegen die exzessive Rationalisierung des gesellschaftlichen und individuellen Lebens, welche die neue Produktionsweise erfordert, verstanden werden. Verschiedene Weisen der Entmenschlichung: der Kapitalismus ging mit den Menschen um wie mit Maschinen; die postindustrielle Gesellschaft geht mit ihnen um wie mit Zeichen.

Gleich welche Bedeutung den Studien über die postindustrielle Gesellschaft zukommen mag, sicher ist, daß die Rebellionen in den entwickelten Ländern, auch wenn sie gerechte und leidenschaftliche Negationen der bestehenden Verhältnisse sind, keine Programme für die Organisation der künftigen Gesellschaft bieten. Deshalb nenne ich sie Rebellionen und nicht Revolutionen.* Diese Gleichgültigkeit gegenüber der Form, welche die Zukunft annehmen soll, unterscheidet den neuen Radikalismus von den revolutionären Bewegungen des 19. Jahrhunderts und der ersten Hälfte des 20. Jahrhunderts. Das Vertrauen in die Kräfte der Spontaneität steht in

* In *Corriente alterna* habe ich die Unterschiede zwischen Revolution, Revolte und Rebellion beschrieben. Das klassische Beispiel von *Revolution* ist immer noch die Französische Revolution, und ich weiß nicht, ob sich dieser Begriff auf die sozialen Veränderungen anwenden läßt, die in Rußland, China und anderswo stattgefunden haben, so tiefgreifend und entscheidend sie auch gewesen sind. Ich gebrauche das Wort *Revolte*, um die Aufstände und nationalen Freiheitsbewegungen der Dritten Welt und Lateinamerikas zu bezeichnen (strenggenommen gehört letzteres nicht zur Dritten Welt), und *Rebellion* für die Protestbewegungen der rassischen Minderheiten, der Frauenrechtsbewegung, der Studenten und anderer Gruppen in den Industriegesellschaften oder in den modernen Sektoren der unterentwickelten Länder.

umgekehrtem Verhältnis zur Abneigung gegenüber den systematischen Konstruktionen. Die Zukunft und ihre geometrischen Paradiese sind allgemein in Mißkredit geraten. Das ist nicht verwunderlich: im Namen der Gestaltung der Zukunft hat man den halben Planeten mit Arbeitslagern überzogen. Die Rebellion der Jugend ist eine Bewegung gerechtfertigter Negation der Gegenwart, aber sie ist kein Versuch, eine neue Gesellschaft zu schaffen. Die jungen Leute wollen der gegenwärtigen Situation eben deshalb ein Ende machen, weil sie eine Gegenwart ist, die uns im Namen einer schimärischen Zukunft unterdrückt. Sie erwarten instinktiv und dunkel, daß durch die Zerstörung dieser Gegenwart die *andere* Gegenwart mit ihren körperlichen, intuitiven und magischen Werten auftaucht. Es ist immer die Suche nach der *anderen*, der wahren Zeit.

Bei den Rebellionen der ethnischen und kulturellen Minderheiten sind die Forderungen ökonomischer Art nicht die einzigen und stehen oft auch nicht im Mittelpunkt. Schwarze und Chicanos kämpfen für die Anerkennung ihrer Identität. Gleiches ist der Fall bei den Befreiungsbewegungen der Frauen und bei denen der sexuellen Minderheiten: es handelt sich nicht um die Errichtung des künftigen Staates, sondern um das plötzliche Auftauchen, innerhalb der zeitgenössischen Gesellschaft, von Gruppen, die ihre Identität suchen und für ihre Anerkennung kämpfen. Auch die nationalistischen und antiimperialistischen Bewegungen, die Befreiungskriege und die Unruhen in der Dritten Welt sind unvereinbar mit dem Begriff Revolution, der von der linearen und progressiven Geschichtsauffassung gebildet wurde. Diese Bewegungen sind Ausdruck der Partikularismen, die während der Expansionsperiode des Okzidents unterdrückt wurden und gerade damit zu Vorbildern des

Kampfes der ethnischen Minderheiten in den Vereinigten Staaten und anderswo geworden sind. Die Revolten in der Dritten Welt und die Rebellionen der ethnischen und nationalen Minderheiten in den Industriegesellschaften sind Aufstände von Partikularismen, die durch einen anderen Partikularismus unterdrückt werden, der die Maske der Universalität trägt: der Kapitalismus der westlichen Welt. Der Marxismus sah voraus, daß das Proletariat als Klasse verschwinden werde, und zwar unmittelbar nach dem Verschwinden der Bourgeoisie. Die Auflösung der Klassen bedeutete die Universalisierung der Menschen. Die zeitgenössischen Bewegungen zielen auf das Gegenteil ab: sie sind Bejahungen der Besonderheit einer jeden Gruppe sowie der sexuellen Idiosynkrasien. Der Marxismus verhieß eine Zukunft, in der sich alle Klassen und Partikularitäten in eine universale Gesellschaft auflösen würden; heute sind wir Zeugen eines Kampfes um die Anerkennung *hic et nunc* der konkreten und besonderen Wirklichkeit eines jeden.

Alle diese Rebellionen stellen sich dar als ein Bruch mit der linearen Zeit. Sie sind der Einbruch der geschmähten Gegenwart, und so postulieren sie, explizite und implizite, eine Entwertung der Zukunft. Der allgemeine Hintergrund dieser Rebellion ist der Wandel in der Sensibilität der Epoche. Zusammenbruch der protestantischen und kapitalistischen Ethik mit ihrer Moral des Sparens und der Arbeit, zweier Formen des Aufbaus von Zukunft, zweier Versuche, uns der Zukunft zu bemächtigen. Der Aufstand der körperlichen und orgiastischen Werte ist eine Rebellion gegen die doppelte Verurteilung des Menschen: die Verdammung zur Arbeit und die Unterdrückung der Lust. Für das Christentum war der menschliche Körper *gefallene Natur*, doch die göttliche Gnade konnte ihn in *verklärten Leib* verwandeln. Der

Kapitalismus hat den Körper entsakralisiert: er ist nicht länger der Kampfplatz der Engel und der Teufel, er ist zu einem Arbeitswerkzeug geworden. Der Körper war eine Schaffenskraft. Die Konzeption des Körpers als Arbeitskraft hat sofort zur Erniedrigung des Körpers als Quell der Lust geführt. Die Askese hat ihr Vorzeichen verkehrt: sie war keine Methode, die ewige Seligkeit zu erlangen, sondern eine Technik, um die Produktivität zu steigern. Lust ist Verschwendung, Sinnlichkeit Zerrüttung. Die Verurteilung der Lust schloß auch die Imagination mit ein, denn der Körper ist nicht nur eine Quelle von Empfindungen, sondern auch von Bildern. Die Ausschweifungen der Phantasie sind für die Produktion und die optimale Leistung nicht minder gefährlich als die physischen Erschütterungen durch die Sinnenlust. Im Namen der Zukunft hat man die Reglementierung des Körpers durch die Verstümmelung der dichterischen Fähigkeiten des Menschen vervollständigt. So ist die Rebellion des Körpers auch die der Imagination. Beide negieren die lineare Zeit: ihre Werte sind die der Gegenwart. Der Körper und die Imagination ignorieren die Zukunft: die Empfindungen sind die Aufhebung der Zeit im Augenblick, die Bilder des Verlangens lösen Vergangenheit und Zukunft in eine datenlose Gegenwart auf. Es ist dies die Rückkehr zum Uranfang, zur Empfindsamkeit und Passion der Romantiker. Die Rückbesinnung auf den Körper ist vielleicht ein Vorzeichen dafür, daß der Mensch die verlorene Weisheit einmal wiedererlangen wird. Denn der Körper negiert die Zukunft nicht nur: er ist ein Weg zur Gegenwart, zu diesem Jetzt, wo Leben und Tod die beiden Hälften ein und derselben Sphäre sind.

Alle diese einzelnen Zeichen weisen auf einen Wandel in unserem Bild von der Zeit hin. Mit Anbruch des modernen Zeitalters verlor die christliche Ewigkeit sowohl ihre ontologische Wirklichkeit als auch ihre logische Kohärenz: sie wurde eine unsinnige Proposition, ein hohler Begriff. Heute erscheint uns die Zukunft nicht weniger irreal als die Ewigkeit. Die Kritik der Religion durch die Philosophie, von Hume bis Marx, ist auch auf die Zukunft anwendbar: sie ist die Projektion unserer Sehnsüchte und ihre Negation; es gibt die Zukunft nicht, und trotzdem raubt sie uns Wirklichkeit, raubt sie uns Leben. Doch nicht von der Philosophie wurde die Zukunft in Frage gestellt, sondern vom Körper und von der Imagination.

Das Altertum hat die Vergangenheit überbewertet. Um ihrer Tyrannei zu begegnen, haben die Menschen eine Ethik und eine Ästhetik der Ausnahme, die auf den Augenblick gründet, erdacht. Der Strenge der Vergangenheit und der Autorität des Exemplarischen setzten sie die Freiheit des Augenblicks entgegen, weder ein Früher noch ein Später, sondern ein Jetzt: die außerzeitliche Zeit der Lust, die religiöse Offenbarung oder die dichterische Vision. Eine Ethik der Ästhetik der Ausnahme von Privilegierten für Privilegierte: die Philosophen, die Mystiker, die Künstler. Auch in der modernen Ära ist der Augenblick die Zuflucht vor der Herrschaft der Zukunft gewesen. Gegenüber der sukzessiven und endlosen Zeit der Geschichte, die auf eine unerreichbare Zukunft zueilt, hat die moderne Dichtung seit Blake nicht aufgehört, die Zeit des Ursprungs, den Augenblick des Anfangs, zu bejahen. Die Zeit des Ursprungs ist nicht die frühere Zeit: sie ist die Zeit des Jetzt. Versöhnung des Anfangs mit dem Ende: jedes Jetzt ist ein Anfang, jedes Jetzt ist ein Ende. Die Rückkehr zum Ursprung ist die Rückkehr zur Gegenwart.

Die Vorstellung des Jetzt als Konvergenzpunkt der Zeiten, ursprünglich eine Vision von Dichtern, hat sich in eine Glaubensüberzeugung verwandelt, die dem Denken und Handeln der meisten heutigen Menschen zugrundeliegt. Die Gegenwart ist der zentrale Wert der zeitlichen Trias geworden. Die Relation zwischen den drei Zeiten hat sich verändert, aber diese Veränderung impliziert nicht das Verschwinden der Vergangenheit oder der Zukunft. Im Gegenteil erlangen sie größere Wirklichkeit: beide werden Dimensionen der Gegenwart, beide sind Gegenwärtigkeiten und sind im Jetzt *gegenwärtig*. Daher sollten wir eine *Ethik* und eine *Politik* auf der *Poetik* des Jetzt begründen. Die Politik ist nicht länger der Aufbau der Zukunft: es ist ihre Aufgabe, die Gegenwart bewohnbar zu machen. Die Ethik des Jetzt ist nicht hedonistisch, in der vulgarisierten Bedeutung des Wortes, obgleich sie die Lust und den Körper bejaht. Das Jetzt zeigt uns, daß sich das Ende vom Anfang nicht unterscheidet oder ihm entgegengesetzt ist, sondern daß es sein Komplement, seine von ihm nicht zu trennende Hälfte ist. Im Jetzt leben heißt im Angesicht des Todes leben. Der Mensch hat die Ewigkeit und die Zukunft ersonnen, um dem Tode zu entgehen, doch diese Erfindungen waren eine tödliche Falle. Das Jetzt versöhnt uns mit unserer Wirklichkeit: wir sind sterblich. Nur angesichts des Todes ist unser Leben wirklich Leben. Im Jetzt ist unser Tod nicht getrennt von unserem Leben: Tod und Leben sind die gleiche Wirklichkeit.

Das Ende der Moderne, der Tod der Zukunft, manifestiert sich in der Kunst und in der Dichtung als eine Beschleunigung, die sowohl den Begriff der Zukunft als auch den des Wandels auflöst. Die Zukunft wird augenblicks Vergangenheit; die Veränderungen gehen derart schnell vor sich, daß sie den Eindruck von Bewegungslosigkeit erwecken. Die Idee des Wandels war, mehr als die Wandlungen selbst, die Grundlage der modernen Dichtung: die Kunst von heute muß sich von der Kunst von gestern unterscheiden. Doch um den Unterschied zwischen gestern und heute wahrzunehmen, muß es einen gewissen Rhythmus geben. Wenn die Veränderungen sehr langsam erfolgen, laufen sie Gefahr, mit Bewegungslosigkeit verwechselt zu werden. Das war der Fall bei der Kunst der Vergangenheit: weder die Künstler noch das Publikum, hypnotisiert von der Idee der »Nachahmung der alten Meister«, waren in der Lage, die Veränderungen deutlich wahrzunehmen. Auch heute bemerken wir sie nicht, wenngleich aus dem entgegengesetzten Grund: sie verschwinden ebenso schnell, wie sie auftreten. In Wirklichkeit sind es keine Wandlungen: es sind Variationen früherer Muster. Die Nachahmung der Modernen hat mehr Talente steril gemacht als die Nachahmung der Alten. Zur falschen Schnelligkeit kommt die Vermehrung hinzu: nicht nur daß die Avantgarden, kaum sind sie entstanden, verschwinden, sie breiten sich auch aus wie schwammige Wucherungen. Die Vielfältigkeit mündet in Einförmigkeit. Zerfall der Avantgarde in Hunderte einander gleicher Bewegungen: im Ameisenhaufen verschwinden die Unterschiede.

Die Romantik hat die Gattungen vermischt. Der Symbolismus und die Avantgarde haben die Verschmelzung von Prosa und Poesie vollzogen. Die Ergebnisse waren wunderbare Ungeheuer, vom Prosagedicht Rimbauds bis zum Epos in Prosa von Joyce. Die Verquickung der Gattungen und schließlich ihre Abschaffung mündet ein in die Kritik des Kunstgegenstandes. Die Krise des Werk-Begriffs trat in allen Künsten zutage, aber ihr radikalster Ausdruck waren die Ready-mades von Duchamp. Eine spaßige Konsekration: was zählt, ist nicht der Gegenstand, sondern der Akt des Künstlers, der ihn aus seinem Zusammenhang löst und auf den Sockel des alten Kunstwerks stellt. In China und Japan haben viele Künstler, wenn sie in einem anonymen Stein eine gewisse ästhetische Ausstrahlung entdeckten, diesen Stein aufgelesen und mit ihrem Namen signiert. Diese Geste war mehr als nur eine Entdeckung, sie war eine Würdigung. Eine Zeremonie, die die Natur als schöpferische Kraft pries: die Natur erschafft, und der Künstler zollt ihr Anerkennung. Der Kontext der Ready-mades von Duchamp ist nicht die schöpferische Natur, sondern die industrielle Fertigung. Seine Geste ist weder eine Wahl noch eine Würdigung, sondern eine Negation; in einem Klima des Nicht-Wählens und der Indifferenz findet Duchamp das Ready-made, und seine Geste ist die Auflösung der Anerkennung in die Anonymität des industriellen Gegenstands. Seine Geste ist eine Kritik nicht der Kunst, sondern der *Kunst als Gegenstand*.

Seit der Romantik hatte die moderne Dichtung das Subjekt der Kritik unterzogen. Unsere Zeit hat diese Kritik vollendet. Die Surrealisten haben dem Unbewußten und dem Zufall eine wesentliche Funktion im dichterischen Schaffen zugestanden; heute legen einige Dichter Nachdruck auf die Begriffe Permutation und Kombination. So beschlossen zum Beispiel 1970 vier Dichter (ein Franzose, ein Engländer, ein Italiener und ein Mexikaner) ein Gemeinschaftsgedicht in vier Sprachen zu schreiben, das sie nach dem altjapanischen »Kettengedicht« *Renga* nannten. Eine Kombination nicht nur von Texten, sondern auch von Text-Herstellern (Dichtern). Der Dichter ist nicht der »Autor« in der herkömmlichen Bedeutung des Wortes, sondern ein Moment der Konvergenz der verschiedenen Stimmen, die sich in einem Text vereinigen. Die Kritik des Objekts und die des Subjekts kreuzen sich: das Objekt löst sich im Augenblicksakt auf; das Subjekt ist eine mehr oder weniger zufällige Kristallisation der Sprache.

Ende der Kunst und der Dichtung? Nein, Ende des »modernen Zeitalters« und mit ihm des Begriffs der »modernen Kunst«. Die Kritik des Gegenstandes bereitet das Wiedererstehen des Kunstwerks vor, nicht als etwas, das man besitzt, sondern als etwas Gegenwärtiges, das man kontempliert. Das Werk ist weder ein Zweck an sich, noch besitzt es ein Eigenleben: es ist eine Brücke, ist Vermittlung. Auch bedeutet die Kritik des Subjekts nicht die Vernichtung des Dichters oder des Künstlers, sondern des bürgerlichen Begriffs des Autors. Für die Romantiker war die Stimme des Dichters die Stimme aller; für uns ist sie strenggenommen *niemandes* Stimme. Alle und niemand sind Äquivalente und vom Autor und seinem Ich gleich weit entfernt. Der Dichter ist kein »kleiner Gott«, wie Huidobro das wollte. Der Dichter verschwindet hinter seiner Stimme, einer Stimme, die die seine ist, weil es die Stimme der Sprache ist, niemandes Stimme und die Stimme aller. Welchen Namen wir dieser Stimme auch geben – Inspiration, Unbewußtes, Zufall, Akzidens, Offenbarung – immer ist sie die Stimme der *Andersheit*.

Die Ästhetik des Wandels ist nicht weniger illusorisch als die der Nachahmung der Alten. Die eine führt dazu, die Veränderungen zu minimalisieren, die andere, sie zu weit zu treiben. Die Geschichte der Revolutionen in der Dichtung des modernen Zeitalters war die des Dialogs zwischen Analogie und Ironie. Die Analogie hat die Moderne negiert; die Ironie hat die Analogie negiert. Die moderne Dichtung war sowohl die Kritik der modernen Welt als auch die Kritik ihrer selbst. Eine Kritik, die sich im Bild auflöst: von Hölderlin bis Mallarmé errichtet die Dichtung transparente Denkmäler ihres eigenen Ruins. Ironie und Analogie, das Bizarre und das Bild, sind Momente der Rotation der Zeichen. Die Gefahren der Ästhetik des Wandels sind auch ihre Vorzüge: wenn alles sich verändert, verändert sich auch die Ästhetik des Wandels. Eben das ist heute der Fall. Die Dichter der modernen Ära suchten das Prinzip des Wandels: wir Dichter eines neuen Zeitalters suchen das unwandelbare Prinzip, das die Grundlage der Wandlungen ist. Wir fragen uns, ob es nicht etwas gibt, das die *Odyssee* und *A la recherche du temps perdu* gemeinsam haben. Diese Frage negiert die Avantgarde nicht nur, sondern sie entfaltet sich auch jenseits von ihr, in einer anderen Zeit und an einem anderen Ort, die beide unsere sind, beide von heute. Die Ästhetik des Wandels hat den geschichtlichen Charakter des Gedichts betont. Heute fragen wir uns: Gibt es einen Punkt, an dem das Prinzip des Wandels mit dem der Beständigkeit verschmilzt?

Der geschichtliche Charakter des Gedichts zeigt sich unmittelbar darin, daß es ein Text ist, den jemand geschrieben hat und den jemand liest. Schreiben und Lesen sind Akte, die aufeinanderfolgen und datierbar sind. Sie sind Geschichte. Aus einer anderen Perspektive gesehen, trifft auch das Gegenteil zu. Während der Dichter schreibt, weiß er nicht, wie sein Gedicht sein wird; er wird das sehen, wenn das Gedicht fertig ist und er es liest. Der Autor ist der erste Leser seines Gedichts, und mit seiner Lektüre beginnt eine Reihe von Interpretationen und Neuschöpfungen. Jede Lektüre schafft ein anderes Gedicht. Keine Lektüre ist definitiv, und in diesem Sinne ist jede Lektüre, nicht ausgenommen die des Autors, ein Akzidens des Textes. Souveränität des Textes über seinen Autor-Leser und seine nachfolgenden

Leser. Der Text bleibt beständig, er hält den Wandlungen einer jeden Lektüre stand. Er hält der Geschichte stand. Zugleich verwirklicht sich der Text nur in diesen Wandlungen. Das Gedicht ist eine übergeschichtliche Virtualität, die sich in der Geschichte, bei der Lektüre, aktualisiert. Es gibt kein Gedicht *in sich*, sondern nur eines *in mir* oder *in dir*. Ein Oszillieren zwischen dem Übergeschichtlichen und dem Geschichtlichen: der Text ist die Bedingung der Lektüren, und die Lektüren verwirklichen den Text, fügen ihn ein in den Ablauf der Zeit. Zwischen dem Text und seinen Lektüren gibt es eine unerläßliche und widersprüchliche Beziehung. Jede Lektüre ist geschichtlich, und eine jede negiert die Geschichte. Die Lektüren sind temporär, sind Geschichte, und zugleich überschreiten sie die Geschichte, gehen über sie hinaus.

Ein Gedicht ist ein Text, aber zugleich ist es eine Struktur. Der Text stützt sich auf die Struktur – sein Gerüst. Der Text ist sichtbar, lesbar; das Skelett ist unsichtbar. Die Strukturen aller Romane ähneln sich, aber *Madame Bovary* und *The Turn of the Screw* sind zwei einmalige, unverwechselbare Texte. Gleiches gilt auch für die epischen Dichtungen, die Sonette oder die Fabeln. Die *Odyssee* und die *Äneis* haben ähnliche Strukturen, gehorchen den gleichen rhetorischen Gesetzen, und trotzdem ist jede ein distinkter, unwiederholbarer Text. Ein Sonett von Góngora hat dieselbe Struktur wie eins von Quevedo, und jedes von ihnen ist eine Welt für sich. Jeder poetische Text aktualisiert bestimmte virtuelle Strukturen, die allen Gedichten gemeinsam sind – und jeder Text ist exzeptionell, überschreitet oft auch diese Strukturen. Die Literatur ist ein Reich, in dem jedes Exemplar einmalig ist. Uns fasziniert Baudelaire gerade durch das, was nur ihm eigen ist und was man weder bei Racine noch bei Mallarmé findet. In der Wissenschaft suchen wir die Wiederholungen und Ähnlichkeiten: Gesetze und Systeme; in der Literatur suchen wir die Ausnahmen und Überraschungen: einzigartige Werke. Eine Wissenschaft der Literatur wie jene, die einige französische Strukturalisten (gewiß nicht Jakobson) anstreben, wäre eine Wissenschaft von partikulären Gegenständen. Eine Nicht-Wissenschaft. Ein Katalog oder ein ideelles System, das durch die Wirklichkeit eines jeden Werkes ständig widerlegt wird.

Die Struktur ist ahistorisch; der Text ist Geschichte, ist datiert. Von der Struktur zum Text und vom Text zur Lektüre: Dialektik des Wandels und der Identität. Die Struktur ist unveränderlich in bezug zum Text, und der Text ist unveränderlich in bezug zur Lektüre. Der Text ist immer der gleiche – und bei jeder Lektüre ist er anders. Jede Lektüre ist eine datierte Erfahrung, die die Geschichte mit dem Text negiert, der sich durch diese Negation von neuem in die Geschichte einfügt. Variation und Wiederholung: die Lektüre ist eine Interpretation, eine Variation des Textes, und in dieser Variation verwirklicht sich der Text, er wird wiederholt – und absorbiert die Variation. Die Lektüre ihrerseits ist geschichtlich, und gleichzeitig ist sie die Auflösung der Geschichte in eine nicht datierte Gegenwart. Das Datum der Lektüre verschwindet: die Lektüre ist eine Wiederholung – eine schöpferische Variation – des ursprünglichen Akts: des Schreibens des Gedichts. Durch die Lektüre kehren wir zu einer anderen Zeit zurück: zu der des Gedichts. Eine Gegenwart taucht auf, die den Leser nicht in die Zeit des Kalenders und der Uhr einschließt, sondern in eine Zeit *vor* den Kalendern und Uhren.

Die Zeit des Gedichts ist nicht außerhalb der Geschichte, sondern in ihr: sie ist ein Text und sie ist eine Lektüre.

Text und Lektüre sind untrennbar, in ihnen gehen die Geschichte und die Ahistorie, der Wandel und die Identität, eine Verbindung ein, ohne jedoch zu verschwinden. Keine Transzendenz, sondern eine Konvergenz. Es ist eine Zeit, die sich wiederholt und die unwiederholbar ist, die verstreicht, ohne zu verstreichen, eine Zeit, die zu sich selbst kommt. Die Zeit der Lektüre ist ein Jetzt und ein Hier: ein Jetzt, das irgendwann ist, und ein Hier, das irgendwo ist. Das Gedicht ist Geschichte und es ist das, was die Geschichte in dem Augenblick negiert, da es sie bejaht. Einen nichtpoetischen Text lesen heißt, ihn zu verstehen, seiner Bedeutung teilhaftig zu werden; einen poetischen Text lesen heißt, ihn zu neuem Leben zu erwecken, ihn wiederzuerschaffen. Dieses Wiedererschaffen entfaltet sich in der Geschichte, aber es öffnet sich einer Gegenwart, die die Geschichte aufhebt. Die Dichtung, die am Ende dieses Jahrhunderts beginnt, beginnt nicht wirklich. Sie kehrt auch nicht zu ihrem Ausgangspunkt zurück. Die Dichtung, die jetzt beginnt, ohne zu beginnen, sucht den Schnittpunkt der Zeiten, den Konvergenzpunkt. Sie bejaht, daß zwischen der heterogenen Vergangenheit und der unbewohnten Zukunft die Dichtung die Gegenwart ist. Das Wiedererschaffen ist eine Vergegenwärtigung. Reine Zeit: Flügelschlag des Gegenwärtigen im Augenblick seines Auftauchens/Verschwindens.

Cambridge, Mass., Juni 1972

Anmerkungen

1 Die Kritik der Zeit ist nur eine der Methoden, die Geschichte zu exorzieren. Die andere ist das Kastensystem. Obgleich das Wort Kaste den in Indien allgemein gebräuchlichen Begriff *jeti* ziemlich getreu wiedergibt, neigt man in der westlichen Welt dazu, ihm eine Bedeutung zu geben, die von Historismus gefärbt ist: nicht Sippe oder Geschlecht, sondern Gesellschaftsklasse. Das Wort »Klasse«, so wie es die westlichen Anthropologen und ihre indischen Schüler gebrauchen, hat die Bedeutung von Gesellschaftsgruppe und verweist uns unmittelbar auf die Geschichte und den Wandel. Unter diesem Gesichtspunkt betrachtet, ist das Phänomen der Kasten, so singulär es uns erscheinen mag, nur der Extremfall eines universalen Phänomens: der Tendenz zur gesellschaftlichen Klassifikation. Diese Auslegung löst den Begriff der »Kaste« auf, oder genauer, sie eskamotiert das Singuläre an ihm. Der »Kaste« ist etwas eigentümlich, das die »Klasse« nicht besitzt. Wollen wir die ihr zugrundeliegende Ideologie, auf die sich die Realität der Kasten stützt, verstehen, eben das, was dieser Begriff für einen traditionsbewußten Inder wirklich bedeutet, müssen wir zuvor zwischen »Kaste« und »Klasse« unterscheiden.

Für uns ist die Gesellschaft ein Komplex von Klassen, die sich im allgemeinen gegenseitig bekämpfen und die alle in Bewegung sind. Die menschliche Gesellschaft ist ein dynamisches Ganzes und befindet sich in ständigem Wandel; diese unaufhörliche Bewegung ist es, was sie von den Tiergesellschaften, die statisch sind, unterscheidet. In der menschlichen Gesellschaft gibt es etwas, das es in der Natur nicht gibt: die Kultur. Und die Kultur ist Geschichte. Die indische Konzeption steht dem entgegen: es gibt keinen Gegensatz zwischen Natur und Gesellschaft, erstere ist der Archetyp der letzteren. Für einen Inder sind die »Kasten« – es gibt mehr als dreitausend – nicht »Klassen«, sondern Arten. Das Wort *jeti* bedeutet genaugenommen Spezies. Der Inder sieht die menschliche Gesellschaft im unbeweglichen Spiegel der Natur und ihrer unwandelbaren Arten. Die Menschenwelt stellt keine Ausnahme dar, sie setzt die natürliche Ordnung fort und bestätigt sie. Für uns, die wir daran gewöhnt sind, die Gesellschaft als einen Prozeß zu sehen, stellt sich das Kastensystem als eine skandalöse Ausnahme, eine geschichtliche Anomalie dar. So verbirgt sich hinter dem Gegensatz zwischen »Kaste« und »Klasse« ein weiterer, noch tieferer: der von Geschichte und Natur, von Wandel und Beständigkeit. Könnten sich Menschen aus anderen Kulturen an der Debatte beteiligen, würden sie wahrscheinlich sagen, daß die wahre Ausnahme nicht das Kastensystem ist – obgleich einige wohl zugeben würden, daß es eine mehr oder weniger unbillige Übertreibung ist – und auch nicht die Idee, die es beseelt, sondern dieses unser Denken, daß die Veränderungen der Gesellschaft inhärent sind und daß diese Veränderungen fast immer gut sind. Absonderlich ist es, den Wandel derart hoch zu bewerten, ihn zu einer Philosophie zu machen und diese Philosophie zur Grundlage der Gesellschaft. Ein Primitiver würde sagen, daß eine solche Art zu denken zumindest leichtfertig ist: es bedeutet, dem Urchaos Tür und Tor zu öffnen.

2 Nachdem ich diese Seiten geschrieben habe, kommt mir eine interessante Studie von Edmund L. King in die Hände: »What is Spanish Romanticism?« (*Studies in Romanticism*, Vol. II, 1, Herbst 1962). Der erste Teil der Untersuchung von Professor King stimmt mit der meinen überein: die Armut der spanischen Neoklassik und das Fehlen einer echten Aufklärung in Spanien erklären die Schwäche der romantischen Reaktion; dagegen teile ich nicht den Standpunkt, den er im zweiten Teil seiner Studie darlegt: Der *Krausismus* sei die wahre spanische Romantik gewesen, »denn er führte bei einer Generation junger spanischer Künstler und Dichter zur echten Auseinandersetzung mit romantischen Ideen, was in den Künsten und in der Literatur der sogenannten Generation von 1898 ihren Ausdruck finden sollte«. Meine Einwände lassen sich in zwei Punkten resümieren.

Der erste: Der *Krausismus* war eine Philosophie, keine dichterische Bewegung. Es gibt keine *krausistischen* Dichter, mögen auch einige Dichter zu Anfang des Jahrhunderts (Jiménez gehört zu ihnen) von den Ideen der spanischen Schüler Krauses mehr oder weniger beeinflußt worden sein. Und die Generation von 1898? Sie war als Gruppe von Schriftstellern von Bedeutung wegen ihrer kritischen Einstellung zur spanischen Wirklichkeit, die vor allem in ihren Prosawerken zum Ausdruck kam. Sie war keine poetische Bewegung, obgleich einige von ihnen Lyriker waren. Hingegen war entscheidend der Einfluß des hispanoamerikanischen Modernismo auf alle Dichter dieser Periode: Jiménez, Valle-Inclán, Antonio und Manuel Machado und gerade auch Unamuno.

Der zweite Punkt meines Einwands: Die Erklärung Professor Kings ist widersprüchlich, denn er verneint (oder vergißt) im zweiten Teil seiner Studie, was er im ersten bejaht. Im ersten Teil vertritt er die Meinung, daß die spanische Romantik scheiterte, weil ihr die geschichtliche Authentizität fehlte (obgleich die spanischen Romantiker als Individuen aufrichtig waren): sie war eine Gegenreaktion auf etwas, das es in Spanien nicht gegeben hatte, die Aufklärung und ihre rationalistische Kritik der traditionellen Institutionen. Im zweiten Teil behauptet er, daß der Krausismus der zweiten Hälfte des 19. Jahrhunderts die Romantik war, die Spanien in der ersten Jahrhunderthälfte nicht hatte. Wenn die Romantik aber eine *Reaktion* auf und gegen die Aufklärung ist, dann muß auch der Krausismus eine Reaktion sein – doch gegen oder auf was? Professor King sagt es nicht. Deutlicher: Wenn der Krausismus das spanische Äquivalent der Romantik ist, was ist dann das spanische Äquivalent der Aufklärung? Das Problem verschwindet, wenn man akzeptiert, daß die hispanische Tradition nicht eine einzige ist (die iberische), sondern daß sie dual ist (die spanische und die hispanoamerikanische). Die Lösung des vermeintlichen Rätsels liegt in zwei Worten und in der widersprüchlichen Beziehung, die sie im hispanoamerikanischen Kontext haben: Positivismus und Modernismo. Der Positivismus ist das hispanoamerikanische Äquivalent der europäischen Aufklärung, und der Modernismo war unsere romantische Reaktion. Natürlich war er nicht die echte Romantik von 1800, aber er war deren Metapher. Die Begriffsworte dieser Metapher sind dieselben wie die der Romantiker und der Symbolisten: Analogie und Ironie. Die spanischen Dichter dieser Zeit antworten auf die hispanoamerikanische Stimulierung in derselben Weise, wie die Hispanoamerikaner auf die Stimulierung durch die französische Dichtung geantwortet hatten. Kreative Antworten und bisweilen Repliken: Umwandlungen. Die Kette: hispanoamerikanischer Positivismus → hispanoamerikanischer Modernismo → spanische Dichtung.

Warum war der Einfluß der hispanoamerikanischen Dichtung fruchtbar? Weil es dank der metrischen und verbalen Erneuerung durch die Modernisten zum ersten Mal möglich war, auf spanisch Dinge zu sagen, die vorher nur auf englisch, französisch oder deutsch gesagt worden waren. Das sah Unamuno voraus, und er mißbilligte es. In einem Brief an Rubén Darío schreibt er: »Was ich sehe, gerade in Ihnen, ist ein Schriftsteller, der auf spanisch Dinge sagen will, die auf spanisch nie gedacht worden sind und die man auch *heute* in unserer Sprache nicht denken kann.« Unamuno sah in den Modernisten wilde Parvenüs, die brillante und leere Formen lieben. Doch es gibt keine leeren oder nichtssagenden Formen. Die dichterischen Formen *sprechen*, und was die modernistischen Formen sagten, war etwas, das auf spanisch noch keinen Ausdruck gefunden hatte: Analogie und Ironie. Ich wiederhole: der hispanoamerikanische Modernismo war die Version, die Metapher der europäischen Romantik und des europäischen Symbolismus. Ausgehend von dieser Version erforschten die spanischen Dichter von sich aus andere dichterische Welten.

Wie ist es zu erklären, daß die Ideen der Aufklärung kaum nach Spanien drangen? In seinem Buch *Liberales y románticos* zitiert Llorens einige illusionslose Sätze von Alcalá Galiano: »Ohne Zweifel war diese (romantische) Erneuerung der Dichtung und der Kritik überaus heilsam; doch sie ist bei uns ebenso fehlgeschlagen, wie die irrtümlich klassisch genannten Lehren fehlgeschlagen sind, handelte es sich doch um eine fremdländische Pflanze, die mit wenig Verstand in unseren Boden verpflanzt wurde, wo sie nur unnatürliche Früchte brachte, ärmliche, blaß und schwächlich ...« Alcalá Galianos Erklärung ist wenig überzeugend: die italienische Dichtung war im 16. Jahrhundert eine nicht weniger fremde Pflanze als die Klassik im 18. Jahrhundert und die Romantik im 19. Jahrhundert, und ihre Früchte waren weder kärglich noch kümmerlich. Llorens zitiert die Meinung eines verbannten Extremisten oder Jakobiners in London, der sich hinter dem Pseudonym »Filópatro« verbarg. In *El Español Constitucional*, das als das Sprachrohr der *comuneros* galt, schrieb Filópatro 1825: »Die Spanier haben begonnen, sich in aufklärerischer Hinsicht zu bilden, indem sie begierig die erlesensten Werke der Philosophie und des Öffentlichen Rechts verschlingen, von denen sie bislang keinen blassen Schimmer gehabt haben ... Indes hat dieselbe Aufklärung (die Lockes, die Voltaires, die Montesquieus, die Rousseaus ...), da unreif und ohne jeden Bezug zur Praxis, bitterere Früchte gezeitigt als selbst die Unwissenheit«. Filópatro hatte recht: damit die Aufklärung Spanien hätte befruchten können, wäre es vonnöten gewesen, die Ideen (die Kritik) ins Leben (in die Praxis) einzuführen. In Spanien fehlte eine Klasse, eine nationale Bourgeoisie, die die traditionelle Gesellschaft hätte in Frage stellen und das Land hätte modernisieren können.

3 Die Kritik der Religion im 18. Jahrhundert umfaßte Himmel und Erde: Kritik des christlichen Gottes, der Heiligen und der Dämonen; Kritik der Kirchen und der Priester. Zum einen Kritik der Religion als geoffenbarte Wahrheit und heilige Schrift; zum anderen Kri-

tik der Religion als menschliche Institution. Die Philosophie untergrub das Begriffsgebäude der Theologie und bekämpfte den Anspruch der Kirche auf Hegemonie und Universalität. Sie zerstörte das Bild des christlichen Gottes, nicht die Gottesidee. Die Philosophie war antichristlich und deistisch: Gott hörte auf, eine Person zu sein, und verwandelte sich in einen Begriff. Angesichts des Schauspiels des Universums gerieten die Philosophen in Entzücken: sie glaubten in seinen Bewegungen eine geheime Ordnung zu entdecken, einen verborgenen Geist, der nur göttlich sein konnte. Doppelte Vollkommenheit: das Universum war beseelt von einer rationalen Absicht, die auch eine ethische Absicht war. Die Vernunftreligion trat an die Stelle der Offenbarungsreligion und die philosophische Akademie an die des Konklave. Die Idee der Ordnung und die Idee der Kausalität waren sichtbare Manifestationen, rationale und sinnliche Beweise für das Vorhandensein eines göttlichen Plans; die Bewegung des Universums war beseelt von einem Zweck und Sinn: Gott ist unsichtbar, nicht aber seine Werke und der Wille, der diese Werke beseelt. Auch die Materialisten und die Atheisten, mit ganz wenigen Ausnahmen, teilten diese Glaubensanschauung: das Universum ist eine vernünftige, mit einem evidenten Willen begabte Ordnung, auch wenn wir nicht wissen, was ihr letzter Zweck ist.

David Hume war der erste, der den Kritikern der Religion die Kritik machte – eine Kritik, die noch nicht bewältigt worden ist und die auf viele unserer zeitgenössischen Glaubensanschauungen anwendbar ist. In seinen *Dialogues Concerning Natural Religion* zeigt Hume, daß die Philosophen die leeren Altäre des Christentums anderen, nicht weniger schimärischen Göttern geweiht hatten, vergöttlichten Ideen wie denen der universalen Harmonie und des Willens, der diese Harmonie beseelt. Im Begriff Absicht oder Plan liegt der Ursprung der religiösen Idee, und wo dieser Begriff auftaucht, die atheistischen und materialistischen Philosophien nicht ausgenommen, taucht auch die Religion auf und mit ihr, früher oder später, eine Kirche, ein Mythos und eine Inquisition. Der Inhalt einer jeden Religion kann variieren – die Zahl der Götter und Ideen, welche die Menschen angebetet haben und immer noch anbeten, ist fast unendlich –, doch hinter allen diesen Glaubensanschauungen finden wir stets dasselbe Schema: dem Universum einen Plan zuschreiben und hernach diesen Plan mit dem Guten, der Freiheit, dem Heiligen, der Ewigkeit oder irgendeiner anderen Idee dieser Art identifizieren. Es ist nicht schwer, aus Humes Kritik diese Schlußfolgerung zu deduzieren: der Ursprung der Idee der Geschichte als Fortschritt ist religiös, und die Idee selbst ist parareligiös. Es ist das Ergebnis einer zweifachen fehlerhaften Schlußfolgerung: zu denken, daß die Natur einen Willen hat, und diesen Willen mit dem Gang der Gesellschaft und der Geschichte zu identifizieren. Alle Religionen und Pseudo-religionen sind auf eben diese Schlußfolgerung zurückzuführen. In der ersten Phase dieses illusionistischen Verfahrens, bei der Beob-achtung der tatsächlichen oder scheinbaren Regelmäßigkeit der Na-turprozesse wird in diese Ordnung die Idee der Finalität eingeführt; in der zweiten Phase werden die gesellschaftlichen Veränderungen und Unruhen der Wirkung desselben Prinzips zugeschrieben, das die Natur beseelt. Wenn die Geschichte wirklich einen Sinn besitzt, wird der Zeitverlauf von der Vorsehung bestimmt, auch wenn sich der Name dieser Vorsehung mit den Veränderungen der Gesellschaft und der Kultur ändert: mal heißt er Gott, mal Evolution, mal Dialek-tik der Geschichte. Die große Bedeutung, die dem Kalender im alten China (oder in Mesoamerika) zukam, verdankt sich ebenfalls dieser Idee: das Modell der geschichtlichen Zeit ist die natürliche Zeit, die Zeit der Sonne und der Bewegung der Himmelskörper.

Die Religion ist eine Interpretation der ursprünglichen Natur des in eine fremde Welt geworfenen Menschen, dessen erstes Gefühl das der Verlassenheit, der Verwaisung, der Hilflosigkeit ist. Wir können die Bedeutung und den Wert der religiösen Interpretation auf ver-schiedene Weise beurteilen. Wir können zum Beispiel sagen, daß sie ein Akt unbewußter Heuchelei ist – mag das auch ein Paradox sein –, mit dem wir uns selbst und unseresgleichen betrügen. Oder wir kön-nen sagen, daß sie ein Mittel ist, die *andere* Wirklichkeit kennenzu-lernen oder vielmehr in sie einzudringen, in diesen Bereich, den wir mit offenen Augen nicht sehen. Auch können wir sagen, daß sie viel-leicht nur die Manifestation eines der menschlichen Natur eigenen Triebs ist. Träfe das zu, bliebe uns nichts anderes übrig, als die Exi-stenz eines »religiösen Instinkts« zu akzeptieren. Humes Kritik ist einschneidend, denn indem er zeigt, daß es sich stets um das gleiche Verfahren handelt – bei gleich welcher Gesellschaft und Epoche, bei gleich welchem Inhalt und Charakter der Vorstellungen und Glau-bensanschauungen –, läßt er uns vermuten, daß wir es mit einer Gei-stesstruktur zu tun haben, die allen Menschen gemeinsam ist. Und indem er ihren unbewußten Charakter betont, gibt er zu verstehen, daß sie das Ergebnis eines psychischen und gewissermaßen instinkti-ven Bedürfnisses ist. Humes Kritik sollte anderthalb Jahrhunderte später von Freud und von Heidegger ergänzt werden, doch immer noch fehlt uns eine vollständige Beschreibung des »religiösen Instinkts«.

Welchen Ursprungs die Religion auch sein mag, es gibt sie in allen Gesellschaften: in den primitiven und in den großen Kulturen des Altertums, bei Völkern, die an die Magie glauben, und in den zeitgenössischen Industriegesellschaften, bei den Anbetern Mohammeds und bei denen, die auf Marx schwören. Überall und zu allen Zeiten verwandelt der »religiöse Instinkt« die Ideen in Glaubensanschauungen und die Glaubensanschauungen in Riten und Mythen. Doch sollte man nicht vergessen, daß wir ihm die Verkörperung der Ideen in sinnlich wahrnehmbare Bilder verdanken. Nichts Schöneres als diese indische Statue (Orissa, 12. Jahrhundert), die Prajna Paramita, die buddhistische höchste Weisheit, die zentrale metaphysische Idee der Mahayana-Richtung, als ein nacktes, mit Juwelen geschmücktes Mädchen darstellt. Das doppelte Gesicht der Religion: die einsame Erfahrung der Mystiker und die Verdummung der Völker, die spirituelle Erleuchtung und die Raubgier der Kleriker, das gemeinschaftliche Fest und die Ketzerverbrennung.

Humes Kritik ist auf all jene Philosophien und Ideologien anwendbar, die nur verschämte Religionen sind, ohne Götter, aber mit Priestern, heiligen Büchern, Konzilen, Seligen, Henkern, Ketzern und Verdammten. Hume nahm vorweg, was fünfzig Jahre später geschehen sollte: die wie eine Göttin angebetete Vernunft und das höchste Wesen der Philosophen werden der Jehova pedantischer und grausamer Sekten. Die Kritik der Religion verdrängte das Christentum, und an dessen Stelle erhoben die Menschen flugs eine neue Gottheit auf den Thron: die Politik. Der »religiöse Instinkt« rechnete mit der Komplizenschaft der Philosophie. Die Philosophen ersetzten eine Glaubensanschauung durch eine andere: die Offenbarungsreligion durch die Natürliche Religion, die Gnade durch die Vernunft. Die Philosophie profanierte den Himmel, aber heiligte die Erde; die Konsekration der geschichtlichen Zeit bedeutete die Konsekration des Wandels in seiner nachdrücklichsten und unmittelbarsten Form: der politischen Tat. Die Philosophie hörte auf, Theorie zu sein, und stieg zu den Menschen hinab. Ihre Inkarnation hieß Revolution. Ist die Geschichte der Menschheit die Geschichte der Ungleichheit und Ungerechtigkeit, so ist die Erlösung der Geschichte, die Eucharistie, die sie in Gleichheit und Freiheit verwandelt, die Revolution. Das mythische Thema der ursprünglichen Zeit wird zum revolutionären Thema der künftigen Gesellschaft. Seit Ende des 18. Jahrhunderts und insbesondere seit der Französischen Revolution konfisziert die revolutionäre politische Philosophie der Reihe nach die Ideen, Werte und Bilder, die traditionell den Religionen gehörten. Dieser Aneignungsprozeß beschleunigt sich im 20. Jahrhundert, der Epoche der politischen Religionen, so wie das 16. und 17. Jahrhundert die Epoche der Religionskriege war. Seit zweihundert Jahren haben wir, zuerst die Europäer und dann alle Menschen, in Erwartung eines Ereignisses gelebt, das für uns die Erhabenheit und die schreckliche Faszination besitzt, die die Wiederkehr Christi für die ersten Christen hatte: die Revolution. Dieses Ereignis, von den einen voller Hoffnung, von den anderen mit Schrecken gesehen, hat, wie ich schon sagte, eine doppelte Bedeutung: die Gründung einer neuen Gesellschaft und die Restauration der ursprünglichen Gesellschaft in einer Zeit vor dem Privateigentum, dem Staat, der Schrift, der Gottesidee, der Sklaverei und der Unterdrückung der Frau. Als Ausdruck der kritischen Vernunft gehört die Revolution der geschichtlichen Zeit an: sie bedeutet die Veränderung der ungerechten Gegenwart durch die gerechte und freie Zukunft. Dieser Wandel ist eine Wiederkehr: die Rückkehr zur Zeit des Anfangs, zur ursprünglichen Unschuld. Mithin ist die Revolution eine Idee und ein Bild, ein Konzept mit den Eigenschaften des Mythos, und ein Mythos, der sich auf die Autorität der Vernunft gründet.

In den Gesellschaften der Vergangenheit hatten die Religionen ausschließlich zwei Funktionen: die Zeit verändern und den Menschen verändern. Die Veränderungen der Zeitrechnung waren nicht revolutionäre, sondern religiöse Veränderungen. Wechsel des Zeitalters, Wechsel des Gottes: die Veränderungen der Welt waren Veränderungen des Jenseits. Die Revolten, die Aufstände, die Usurpationen, die Abdankungen, der Wechsel der Dynastien, die gesellschaftlichen Umschichtungen, die Veränderung der Besitzverhältnisse oder der Rechtsordnung, die Erfindungen, die Entdeckungen, die Kriege, die Eroberungen – dieses enorme inkohärente Spektakel der Geschichte mit ihrem unablässigen Auf und Ab – brachten keine Veränderung im Zeitbild und in der Zählung der Jahre mit sich. Ich weiß nicht, ob man einen besonderen Fall genügend beachtet und darüber nachgedacht hat: für die mexikanischen Indios bedeutete die Conquista einen Kalenderwechsel. Das heißt: einen Wechsel von Göttern, einen Religionswechsel. In der modernen Welt verdrängt die Revolution die Religion, und deshalb wollten die französischen Revolutionäre den Kalender abändern. Der bekannten Sentenz von Marx zufolge besteht die Aufgabe des Philosophen weniger darin, die Welt zu interpretieren, als sie zu verändern; diese Veränderung führt zur Einführung eines neuen Zeitarchetyps: Eintausch der christlichen Ewigkeit gegen die Zukunft der Revolutionen. Die religiöse Funktion, die in der Aufstellung und Veränderung des Kalenders besteht, wird damit zu einer revolutionären Funktion.

Ähnliches geschieht mit der anderen Funktion der Religionen: den Menschen zu verändern. Die Initiations- und Übergangsriten bestehen in einer wahren Umwandlung der menschlichen Natur. Alle diese Rituale haben eines gemeinsam: das Sakrament ist die symbolische Brücke, über die der Neophyt von der profanen Welt in die heilige Welt, von diesem Ufer zum anderen Ufer hinübergeht. Ein Übergang, der Tod und Auferstehung bedeutet: ein neuer Mensch geht aus dem Ritus hervor. Die Taufe verändert uns, sie gibt uns einen Namen und macht einen anderen aus uns; auch die Kommunion ist eine Umwandlung, und dieselbe Funktion hat das Viatikum, ein sehr signifikantes Wort. Der zentrale Ritus in allen Religionen ist der der Aufnahme in die Gemeinschaft der Gläubigen, und dieser Ritus kommt in allen Fällen einer Wesensveränderung gleich. *Konversion* drückt sehr deutlich diese Wandlung aus, die auch eine Rückkehr in die Urgemeinde ist (*convertere*: sich verwandeln, umkehren). Seit Beginn des modernen Zeitalters, und mit größerer Insistenz in den vergangenen fünfzig Jahren, proklamieren die Revolutionsführer, das letzte Ziel der Revolution sei es, den Menschen zu verändern: die Konversion des Einzelnen und der Gemeinschaft. Zuweilen hat dieser Anspruch Formen angenommen, die man als grotesk hätte bezeichnen können, wären sie nicht abscheulich gewesen, wie zum Beispiel, als man, den Aberglauben an die Technik mit dem ideologischen Aberglauben verbindend, Stalin den »Menscheningenieur« nannte. Das Exempel Stalins ist erschreckend; es gibt andere, die ergreifend sind: Saint-Just, Trotzki. Auch wenn mich der prometheische Charakter ihres Anspruchs anrührt, kann ich nicht umhin, ihre Naivität zu beklagen und ihre Maßlosigkeit zu verurteilen.

Inhalt

Vorwort 7

I Die Tradition des Bruchs 11

II Der Aufstand der Zukunft 34

III Die Kinder des Schlamms 58

IV Analogie und Ironie* 81

V Übersetzung und Metapher 107

VI Der Kreis schließt sich 136

1. *Revolution/Eros/Meta-Ironie* 136

2. *Das umgekehrte Muster* 150

3. *Der Tod der Avantgarde* 188

Anmerkungen 207

* Dieses Kapitel erschien in der Übersetzung von Carl Heupel bereits in Octavio Paz: *Essays 2*, Frankfurt 1980.